PROJECT 531

수학을 빠르게

수 준 별 단 기 특 강 서

확률과 통계 S

531 PROJECT 확률과 통계 SPEEDY

발행일	201810 초판 1쇄　202312 초판 4쇄
펴낸이	정선욱
펴낸곳	이투스에듀(주) 서울시 서초구 남부순환로 2547
고객센터	1599-3225
등록번호	제2007-000035호
ISBN	979-11-6123-725-1 [53410]

531 PROJECT와 함께라면
쉽고 빠르게 성적을 올릴 수 있습니다!

531 PROJECT는 쉽게 익히고, 빠르게 다지고, 확실히
*성적을 올릴 수 있는 영역별 **단기 특강 교재**입니다.*

쉽게 E

531 PROJECT 중 가장 쉽게 개념과 원리를 익힐 수 있는 교재입니다.

- 하나 단원별 꼭 알아야 하는 핵심 개념과 이론을 충실하게 기술한 교재입니다.
- 둘 핵심 개념별로 출제 빈도수가 높은 대표 유형 중 학교 내신 문제 또는 수능 2, 3점으로 출제 가능한 문제를 집중 학습할 수 있는 교재입니다.
- 셋 문제 풀이를 통하여 학습한 내용을 완벽하게 습득할 수 있도록 친절하고 상세한 해설과 첨삭을 덧붙인 교재입니다.

빠르게 S

531 PROJECT 중 가장 빠르게 빈출 유형을 다질 수 있는 교재입니다.

- 하나 단원별 꼭 알아야 하는 핵심 개념은 물론 빈출 유형을 집중적으로 학습할 수 있는 교재입니다.
- 둘 단원별로 주로 다루어지는 빈출 유형 중 학교 내신 문제 또는 수능 3, 4점으로 출제 가능한 문제를 집중 학습할 수 있는 교재입니다.
- 셋 문제 풀이를 통하여 유형별 해결 능력을 확실하게 다질 수 있도록 친절하고 상세한 해설과 첨삭을 덧붙인 교재입니다.

Structure

01

교과서 알짜개념 짚어보기

교과서 알짜개념을 중단원 별로 모아서 제공하였습니다.

02

내신 & 수능 빈출 유형

- 내신과 수능에 출제될 수 있는 빈출 문제를 유형별로 구분하여 제공하였습니다.
- 빈출 유형에 대한 쌍둥이 문제 또는 유사 문제를 제공하여 해당 유형을 반복 학습할 수 있도록 하였습니다.
- 중요한 유형에 대해서는 '중요'라고 표시하여 해당 유형의 학습에 좀 더 집중할 수 있도록 하였습니다.

개념 Plus
개념에 대한 추가적인 설명을 담아 좀 더 쉽게 개념을 이해할 수 있도록 하였습니다.

해결 포인트
문제 풀이에 필요한 실마리, 힌트, 핵심 개념을 제공하였습니다.

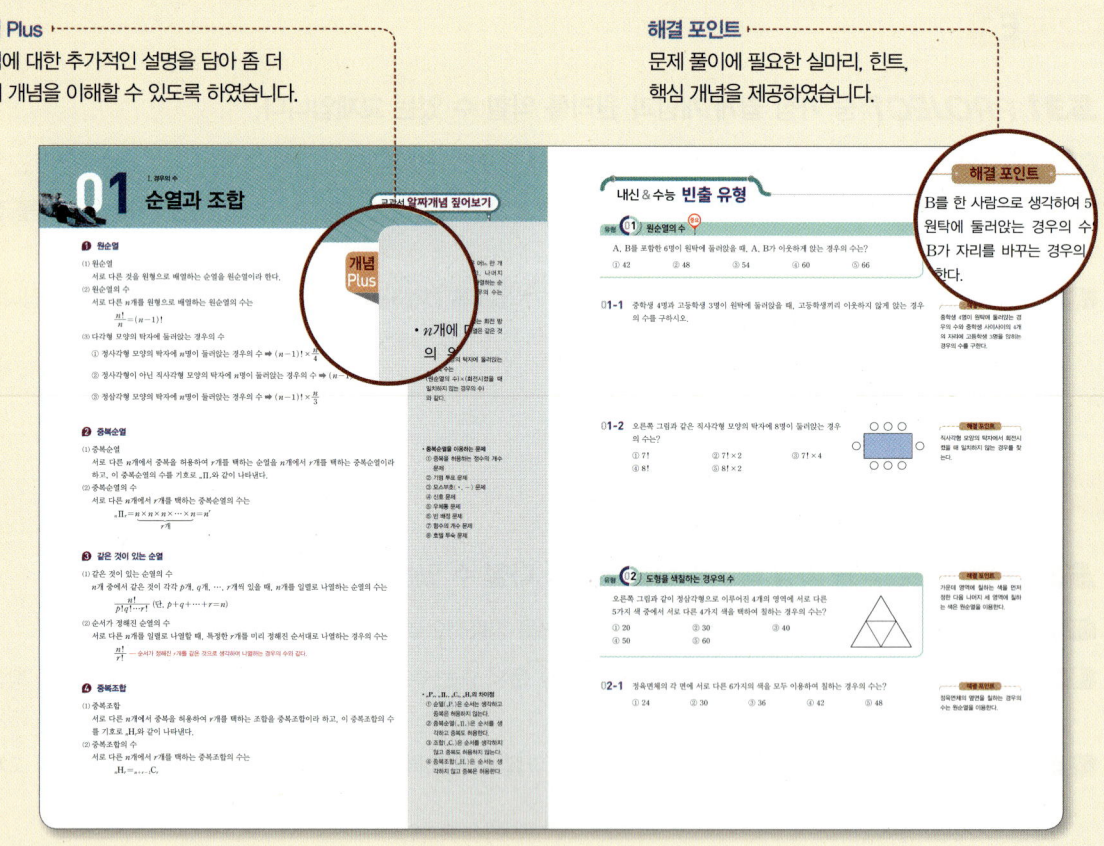

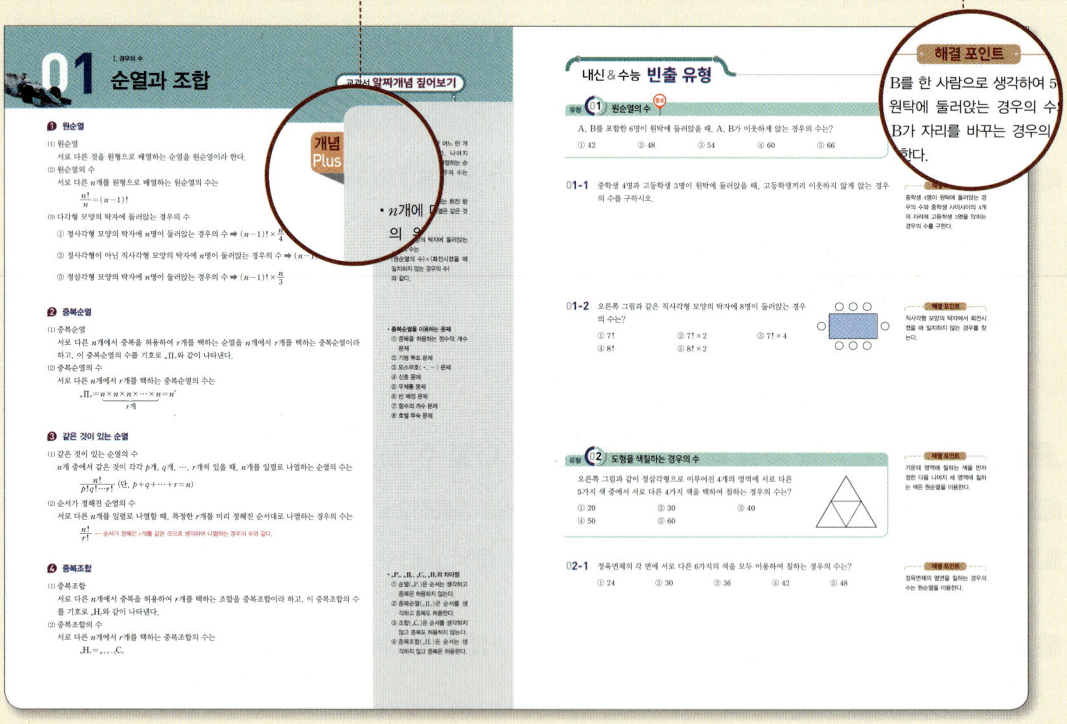

03 빈출 유형 마무리

- 앞에서 학습한 빈출 유형의 유사 문제들을 제공하여 해당 유형에 대한 반복 학습을 통하여 수학적인 사고력을 확장할 수 있도록 하였습니다.
- 교육청 기출 문제를 제공하여 최근의 출제 경향을 파악할 수 있습니다.
- 꼭 풀어봐야 하는 문제에 '중요'라고 표시하여 해당 문항의 풀이에 좀 더 집중할 수 있도록 하였습니다.

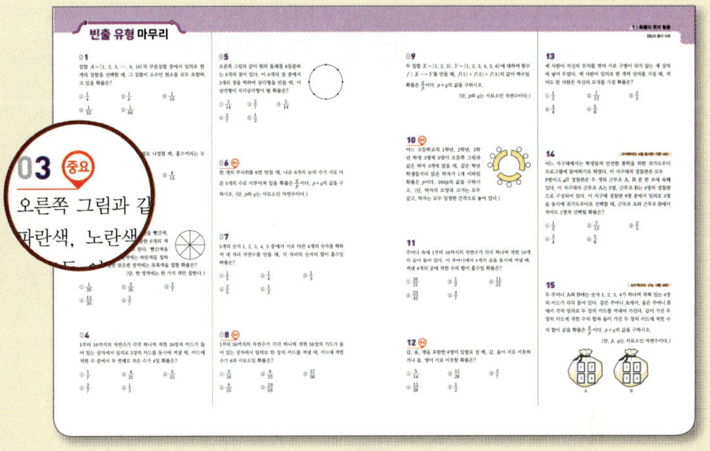

04 정답과 풀이

- 모든 문항을 상세하게 풀이하여 오답의 이유를 스스로 찾을 수 있도록 하였습니다.
- [다른 풀이] 및 [보충 설명]을 제시하여 다양한 사고를 할 수 있도록 하였습니다.

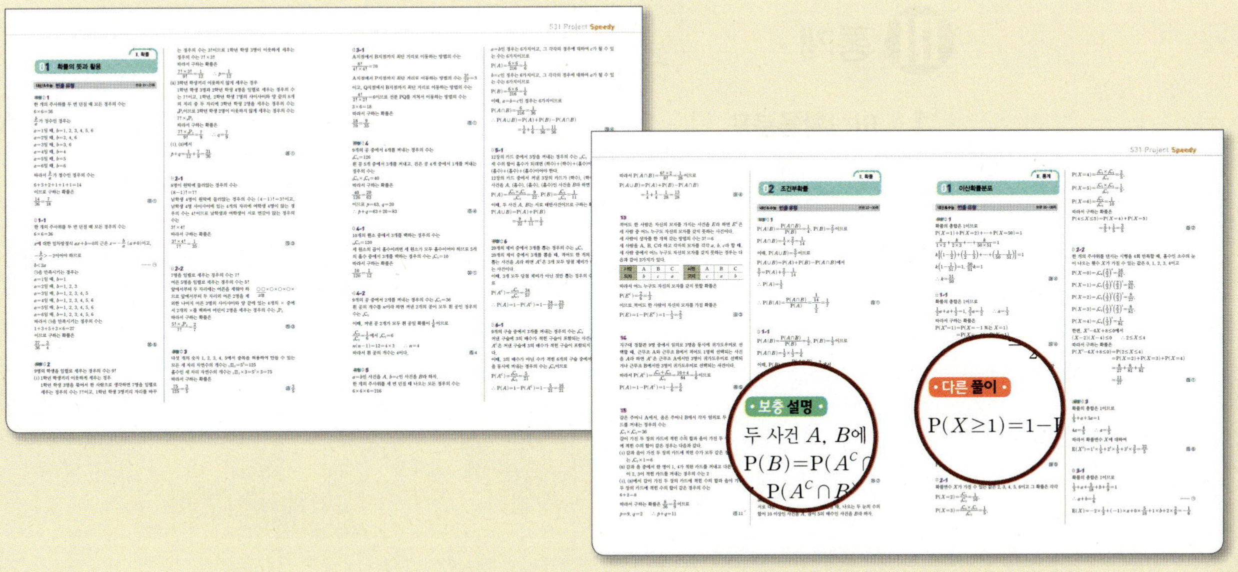

이 책의 차례

Contents

Ⅰ 경우의 수

Ⅱ 확률

Ⅲ 통계

I

경우의 수

01 순열과 조합

교과서 알짜개념 짚어보기

❶ 원순열

(1) 원순열

서로 다른 것을 원형으로 배열하는 순열을 원순열이라 한다.

(2) 원순열의 수

서로 다른 n개를 원형으로 배열하는 원순열의 수는

$$\frac{n!}{n}=(n-1)!$$

(3) 다각형 모양의 탁자에 둘러앉는 경우의 수

① 정사각형 모양의 탁자에 n명이 둘러앉는 경우의 수 ➡ $(n-1)!\times\frac{n}{4}$

② 정사각형이 아닌 직사각형 모양의 탁자에 n명이 둘러앉는 경우의 수 ➡ $(n-1)!\times\frac{n}{2}$

③ 정삼각형 모양의 탁자에 n명이 둘러앉는 경우의 수 ➡ $(n-1)!\times\frac{n}{3}$

❷ 중복순열

(1) 중복순열

서로 다른 n개에서 중복을 허용하여 r개를 택하는 순열을 n개에서 r개를 택하는 중복순열이라 하고, 이 중복순열의 수를 기호로 ${}_n\Pi_r$와 같이 나타낸다.

(2) 중복순열의 수

서로 다른 n개에서 r개를 택하는 중복순열의 수는

$${}_n\Pi_r=\underbrace{n\times n\times n\times\cdots\times n}_{r\text{개}}=n^r$$

❸ 같은 것이 있는 순열

(1) 같은 것이 있는 순열의 수

n개 중에서 같은 것이 각각 p개, q개, $\cdots$, r개씩 있을 때, n개를 일렬로 나열하는 순열의 수는

$$\frac{n!}{p!q!\cdots r!}\ (\text{단, } p+q+\cdots+r=n)$$

(2) 순서가 정해진 순열의 수

서로 다른 n개를 일렬로 나열할 때, 특정한 r개를 미리 정해진 순서대로 나열하는 경우의 수는

$\frac{n!}{r!}$ — 순서가 정해진 r개를 같은 것으로 생각하여 나열하는 경우의 수와 같다.

❹ 중복조합

(1) 중복조합

서로 다른 n개에서 중복을 허용하여 r개를 택하는 조합을 중복조합이라 하고, 이 중복조합의 수를 기호로 ${}_n\mathrm{H}_r$와 같이 나타낸다.

(2) 중복조합의 수

서로 다른 n개에서 r개를 택하는 중복조합의 수는

$${}_n\mathrm{H}_r={}_{n+r-1}\mathrm{C}_r$$

개념 Plus

• n개에 대한 원순열은 어느 한 개의 위치를 고정하고, 나머지 $(n-1)$개를 일렬로 나열하는 순열과 같으므로 그 경우의 수는 $(n-1)!$이다.

• 원형으로 배열할 때에는 회전 방향이 같은 순서의 배열은 같은 것으로 본다.

• 다각형 모양의 탁자에 둘러앉는 경우의 수는
(원순열의 수)×(회전시켰을 때 일치하지 않는 경우의 수)
와 같다.

• **중복순열을 이용하는 문제**
① 중복을 허용하는 정수의 개수 문제
② 기명 투표 문제
③ 모스부호(•, −) 문제
④ 신호 문제
⑤ 우체통 문제
⑥ 반 배정 문제
⑦ 함수의 개수 문제
⑧ 호텔 투숙 문제

• **${}_n\mathrm{P}_r$, ${}_n\Pi_r$, ${}_n\mathrm{C}_r$, ${}_n\mathrm{H}_r$의 차이점**
① 순열(${}_n\mathrm{P}_r$)은 순서는 생각하고 중복은 허용하지 않는다.
② 중복순열(${}_n\Pi_r$)은 순서를 생각하고 중복도 허용한다.
③ 조합(${}_n\mathrm{C}_r$)은 순서를 생각하지 않고 중복도 허용하지 않는다.
④ 중복조합(${}_n\mathrm{H}_r$)은 순서는 생각하지 않고 중복은 허용한다.

내신 & 수능 빈출 유형

정답과 풀이 05쪽

유형 01 원순열의 수 중요

A, B를 포함한 6명이 원탁에 둘러앉을 때, A, B가 이웃하게 앉는 경우의 수는?

① 42 ② 48 ③ 54 ④ 60 ⑤ 66

해결 포인트
A, B를 한 사람으로 생각하여 5명이 원탁에 둘러앉는 경우의 수와 A, B가 자리를 바꾸는 경우의 수를 구한다.

01-1 중학생 4명과 고등학생 3명이 원탁에 둘러앉을 때, 고등학생끼리 이웃하지 않게 앉는 경우의 수를 구하시오.

해결 포인트
중학생 4명이 원탁에 둘러앉는 경우의 수와 중학생 사이사이의 4개의 자리에 고등학생 3명을 앉히는 경우의 수를 구한다.

01-2 오른쪽 그림과 같은 직사각형 모양의 탁자에 8명이 둘러앉는 경우의 수는?

① 7! ② 7! × 2 ③ 7! × 4
④ 8! ⑤ 8! × 2

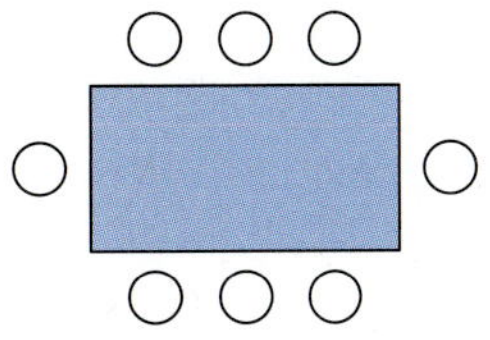

해결 포인트
직사각형 모양의 탁자에서 회전시켰을 때 일치하지 않는 경우를 찾는다.

유형 02 도형을 색칠하는 경우의 수

오른쪽 그림과 같이 정삼각형으로 이루어진 4개의 영역에 서로 다른 5가지 색 중에서 서로 다른 4가지 색을 택하여 칠하는 경우의 수는?

① 20 ② 30 ③ 40
④ 50 ⑤ 60

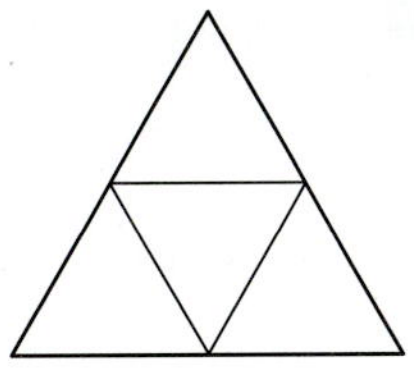

해결 포인트
가운데 영역에 칠하는 색을 먼저 정한 다음 나머지 세 영역에 칠하는 색은 원순열을 이용한다.

02-1 정육면체의 각 면에 서로 다른 6가지의 색을 모두 이용하여 칠하는 경우의 수는?

① 24 ② 30 ③ 36 ④ 42 ⑤ 48

해결 포인트
정육면체의 옆면을 칠하는 경우의 수는 원순열을 이용한다.

유형 03 중복순열

5명의 학생이 서로 다른 3개의 동아리 중에서 어느 한 동아리에 가입하는 경우의 수는? (단, 한 명도 가입하지 않은 동아리가 있을 수도 있다.)

① 125 ② 154 ③ 184 ④ 214 ⑤ 243

03-1 5개의 숫자 0, 1, 2, 3, 4 중에서 중복을 허용하고 4개의 숫자를 택하여 만들 수 있는 네 자리 자연수 중에서 짝수의 개수를 구하시오.

해결 포인트
일의 자리의 숫자는 0 또는 2 또는 4가 되어야 한다.

03-2 어느 동호회에서 대표를 선출할 때, 5명의 동호회 회원이 2명의 후보 중에서 한 명의 후보에게 기명으로 투표하는 경우의 수는? (단, 기권이나 무효표는 없는 것으로 한다.)

① 16 ② 24 ③ 32 ④ 40 ⑤ 48

유형 04 같은 것이 있는 순열

prefer에 있는 6개의 문자를 일렬로 나열할 때, 양 끝에 p와 f가 오는 경우의 수는?

① 12 ② 14 ③ 16 ④ 18 ⑤ 20

해결 포인트
r이 2개, e가 2개 있으므로 같은 것이 있는 순열을 생각한다.

04-1 6개의 숫자 1, 2, 2, 2, 3, 3을 모두 사용하여 여섯 자리 자연수를 만들 때, 일의 자리에 2가 오지 않는 자연수의 개수를 구하시오.

유형 05 최단 거리로 가는 경우의 수

오른쪽 그림과 같은 도로망이 있다. A지점에서 P지점을 거쳐 B지점까지 최단 거리로 가는 경우의 수를 구하시오.

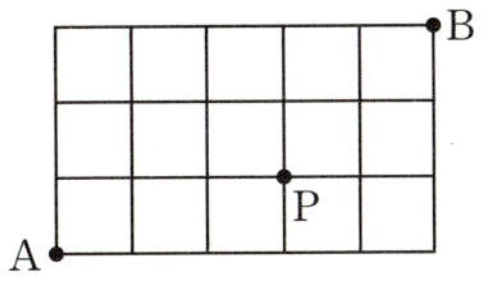

05-1 오른쪽 그림과 같은 도로망이 있다. A지점에서 B지점까지 최단 거리로 가는 경우의 수는?

① 16 ② 18 ③ 20
④ 22 ⑤ 24

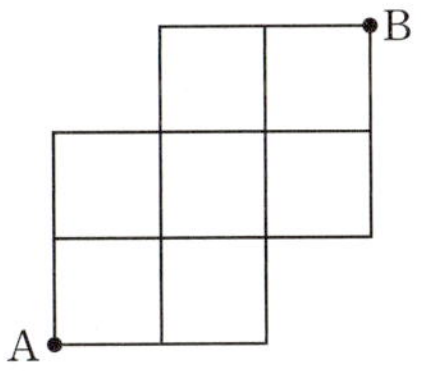

해결 포인트
A지점에서 B지점까지 갈 때, 반드시 거쳐야 하는 점을 잡아 최단 거리로 가는 경우의 수를 구한다.

05-2 오른쪽 그림과 같은 도로망이 있다. A지점에서 B지점까지 최단 거리로 갈 때, $\overline{PQ}$를 거치지 않고 가는 경우의 수를 구하시오.

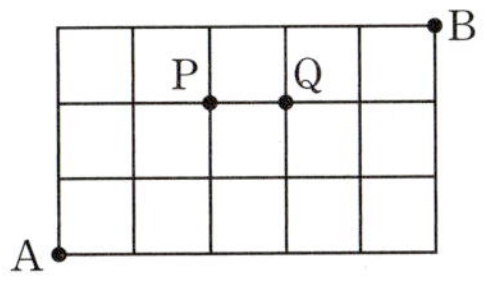

해결 포인트
A지점에서 B지점까지 최단 거리로 가는 경우에서 $\overline{PQ}$를 거쳐서 최단 거리로 가는 경우를 제외한다.

유형 06 중복조합의 수

서로 같은 종류의 연필 7자루를 서로 다른 2개의 필통에 나누어 담는 경우의 수는?
(단, 한 자루의 연필도 넣지 않은 필통이 있을 수도 있다.)

① 8 ② 10 ③ 12 ④ 14 ⑤ 16

해결 포인트
서로 다른 2개에서 중복을 허용하여 7개를 택하는 중복조합의 수와 같다.

06-1 3명의 학생들에게 같은 종류의 빵 8개를 나누어 주려고 한다. 각 학생에게 적어도 한 개씩 빵을 나누어 주는 경우의 수는?

① 18 ② 21 ③ 24 ④ 27 ⑤ 30

해결 포인트
먼저 3명의 학생들에게 빵을 한 개씩 나누어 주고, 남은 빵 5개를 3명의 학생들에게 나누어 주는 경우의 수를 구한다.

정답과 풀이 06쪽

유형 07 방정식, 부등식의 해의 개수 중요

방정식 $x+y+z=8$을 만족시키는 자연수 x, y, z의 순서쌍 (x, y, z)의 개수는?

① 12 ② 15 ③ 18 ④ 21 ⑤ 24

해결 포인트

$x'=x-1$, $y'=y-1$, $z'=z-1$ (x', y', z'은 음이 아닌 정수)로 놓으면 $x'+y'+z'=5$를 만족시키는 음이 아닌 정수 x', y', z'의 순서쌍 (x', y', z')의 개수를 구하는 것과 같다.

07-1 방정식 $x+y+3z=8$을 만족시키는 음이 아닌 정수 x, y, z의 모든 순서쌍 (x, y, z)의 개수는?

① 15 ② 18 ③ 21 ④ 24 ⑤ 27

해결 포인트

z의 값을 먼저 결정한다.

07-2 부등식 $x+y+z\le 2$를 만족시키는 음이 아닌 정수 x, y, z의 순서쌍 (x, y, z)의 개수를 구하시오.

해결 포인트

$x+y+z=0$ 또는 $x+y+z=1$ 또는 $x+y+z=2$인 경우로 나누어 음이 아닌 정수인 해의 순서쌍의 개수를 구한다.

유형 08 함수의 개수

집합 $X=\{1, 2, 3, 4\}$, $Y=\{1, 2, 3, 4, 5, 6\}$에 대하여 함수 $f: X \longrightarrow Y$가 다음 조건을 만족시킬 때, 함수 f의 개수를 구하시오.

> 집합 X의 임의의 두 원소 x_1, x_2에 대하여 $x_1<x_2$이면 $f(x_1)\le f(x_2)$이다.

08-1 집합 $X=\{1, 2, 3, 4, 5\}$, $Y=\{1, 2, 3, 4, 5, 6, 7\}$에 대하여 함수 $f: X \longrightarrow Y$가 다음 조건을 만족시킬 때, 함수 f의 개수를 구하시오.

> (가) $f(3)=3$
> (나) 집합 X의 임의의 두 원소 x_1, x_2에 대하여 $x_1<x_2$이면 $f(x_1)\le f(x_2)$이다.

빈출 유형 마무리

01

1학년 3명과 2학년 2명, 3학년 2명이 원탁에 둘러앉을 때, 2학년 2명은 이웃하여 앉고 3학년 2명은 이웃하지 않도록 앉는 경우의 수는?

① 36 ② 72 ③ 108
④ 144 ⑤ 180

02 중요

오른쪽 그림과 같은 정삼각형 모양의 탁자에 9명이 둘러앉는 경우의 수가 $a\times9!$일 때, 상수 a의 값은?

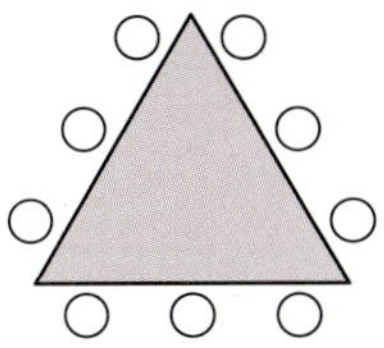

① $\frac{1}{9}$ ② $\frac{1}{3}$ ③ 1
④ 3 ⑤ 9

03

오른쪽 그림과 같이 직각이등변삼각형으로 이루어진 8개의 영역에 서로 다른 8가지 색을 모두 이용하여 한 영역씩 칠하는 경우의 수는 a일 때, $\frac{a}{70}$의 값은?

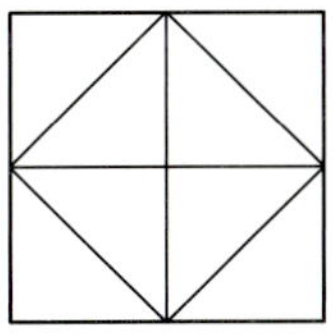

① 72 ② 144 ③ 216
④ 288 ⑤ 360

04

오른쪽 그림과 같이 두 밑면이 정사각형이고, 옆면이 모두 합동인 등변사다리꼴인 사각뿔대가 있다. 이 사각뿔대의 각 면을 서로 다른 6가지 색을 모두 사용하여 색칠하는 경우의 수를 구하시오.
(단, 한 영역에는 한 가지 색만 칠한다.)

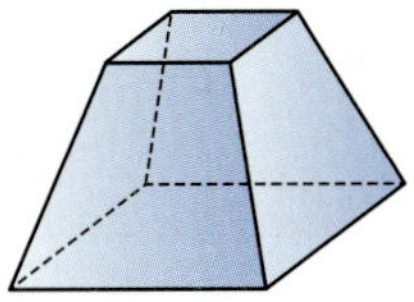

05

서로 다른 구슬 6개를 세 개의 상자 A, B, C에 남김없이 넣으려고 한다. A상자에 구슬을 1개만 넣는 경우의 수를 구하시오.
(단, 구슬을 넣지 않는 상자가 있을 수 있다.)

06

세 문자 a, b, c 중에서 중복을 허락하여 4개를 택하여 일렬로 나열할 때, 문자 a가 두 번 이상 나오는 경우의 수를 구하시오.

07

support에 있는 7개의 문자를 일렬로 나열할 때, 세 개의 문자 s, u, t는 이 순서대로 나열하는 경우의 수는?

① 360 ② 380 ③ 400
④ 420 ⑤ 440

08

7개의 숫자 1, 1, 2, 2, 2, 3, 3을 일렬로 나열하여 만들 수 있는 일곱 자리 자연수 중에서 1이 서로 이웃하지 않는 자연수의 개수는?

① 150 ② 200 ③ 250
④ 300 ⑤ 350

빈출 유형 마무리

09

오른쪽 그림과 같은 도로망이 있다. A지점에서 출발하여 P지점과 Q지점을 모두 거쳐 B지점까지 최단 거리로 가는 경우의 수는?

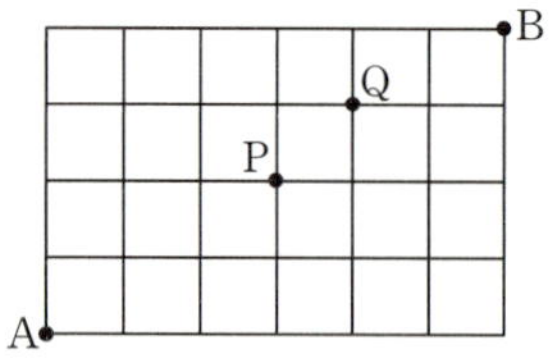

① 20 ② 30 ③ 40 ④ 50 ⑤ 60

10

크기가 같은 정육면체 6개를 쌓아올려 오른쪽 그림과 같은 직육면체를 만들었다. 정육면체의 모서리를 따라 꼭짓점 A에서 꼭짓점 B까지 최단 거리로 가는 경우의 수를 구하시오.

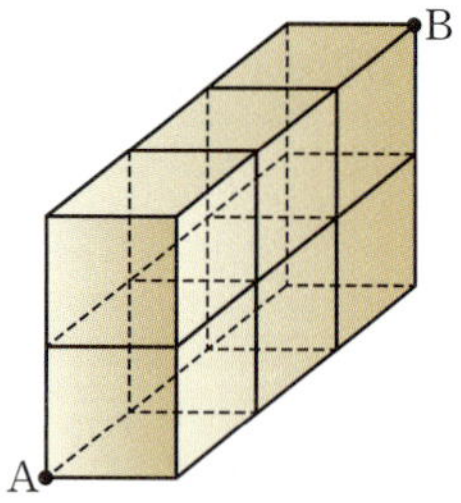

11

$(a-2b+3c-4d)^5$을 전개할 때, 만들어지는 서로 다른 항의 개수는?

① 44 ② 48 ③ 52 ④ 56 ⑤ 60

12

사탕 10개를 3개의 상자 A, B, C에 나누어 담으려고 한다. 상자 A에는 1개 이상, 상자 B에는 3개 이상의 사탕을 담으려고 할 때, 사탕을 상자에 담는 경우의 수는?

(단, 사탕은 서로 구별하지 않는다.)

① 20 ② 24 ③ 28 ④ 32 ⑤ 36

13

두 집합 $X=\{1, 2, 3\}$, $Y=\{1, 2, 3, 4, 5, 6\}$에 대하여 함수 $f: X \longrightarrow Y$ 중에서 $f(1)\neq 1$인 함수의 개수는?

① 180 ② 185 ③ 190 ④ 195 ⑤ 200

14

두 집합 $X=\{1, 2, 3, 4, 5\}$, $Y=\{1, 2, 3, 4, 5, 6\}$에 대하여 다음 조건을 만족시키는 함수 $f: X \longrightarrow Y$의 개수를 구하시오.

> (가) $f(3)$의 값은 짝수이다.
> (나) 집합 X의 임의의 두 원소 a, b에 대하여 $a<b$이면 $f(a)\le f(b)$이다.

15

| 2016학년도 수능 B형 14번 |

세 정수 a, b, c에 대하여 $1\le|a|\le|b|\le|c|\le 5$를 만족시키는 모든 순서쌍 (a, b, c)의 개수는?

① 360 ② 320 ③ 280 ④ 240 ⑤ 200

16

| 2018학년도 9월 평가원 나형 16번 |

다음 조건을 만족시키는 음이 아닌 정수 x, y, z의 모든 순서쌍 (x, y, z)의 개수는?

> (가) $x+y+z=10$　　(나) $0<y+z<10$

① 39 ② 44 ③ 49 ④ 54 ⑤ 59

02 이항정리

교과서 **알짜개념 짚어보기**

❶ 이항정리

(1) 이항정리

n이 자연수일 때, $(a+b)^n$의 전개식은 다음과 같이 나타낼 수 있고, 이것을 이항정리라 한다.

$$(a+b)^n={}_n\mathrm{C}_0a^n+{}_n\mathrm{C}_1a^{n-1}b^1+\cdots+{}_n\mathrm{C}_ra^{n-r}b^r+\cdots+{}_n\mathrm{C}_nb^n$$

이때, ${}_n\mathrm{C}_ra^{n-r}b^r$을 $(a+b)^n$의 전개식의 일반항이라 한다.

(2) 이항계수

$(a+b)^n$의 전개식에서 각 항의 계수 ${}_n\mathrm{C}_0$, ${}_n\mathrm{C}_1$, ${}_n\mathrm{C}_2$, $\cdots$, ${}_n\mathrm{C}_n$을 이항계수라 한다.

❷ 파스칼의 삼각형

(1) 파스칼의 삼각형

n이 자연수일 때, $(a+b)^n$의 전개식의 이항계수를 차례대로 다음과 같이 배열한 것을 파스칼의 삼각형이라 한다.

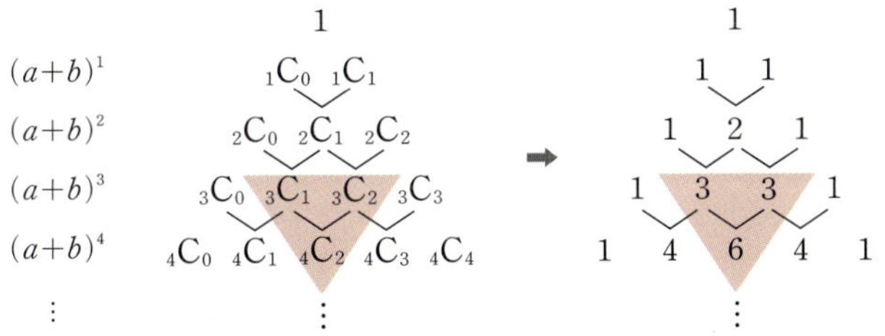

(2) 파스칼의 삼각형에서 각 단계의 이웃하는 두 수의 합은 그 두 수의 아래쪽 중앙에 있는 수와 같다.

➡ ${}_{n-1}\mathrm{C}_{r-1}+{}_{n-1}\mathrm{C}_r={}_n\mathrm{C}_r$ (단, $r=1$, 2, 3, $\cdots$, $n-1$)

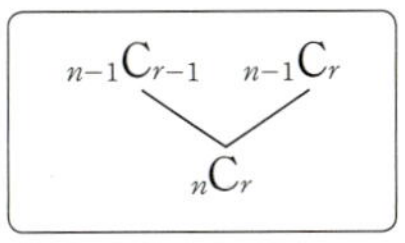

❸ 이항계수의 성질

(1) ${}_n\mathrm{C}_0+{}_n\mathrm{C}_1+{}_n\mathrm{C}_2+\cdots+{}_n\mathrm{C}_n=2^n$

(2) ${}_n\mathrm{C}_0-{}_n\mathrm{C}_1+{}_n\mathrm{C}_2+\cdots+(-1)^n{}_n\mathrm{C}_n=0$

(3) ${}_n\mathrm{C}_0+{}_n\mathrm{C}_2+{}_n\mathrm{C}_4+{}_n\mathrm{C}_6+\cdots=2^{n-1}$

${}_n\mathrm{C}_1+{}_n\mathrm{C}_3+{}_n\mathrm{C}_5+{}_n\mathrm{C}_7+\cdots=2^{n-1}$ (단, $n\geq2$)

참고 n이 자연수일 때, $(1+x)^n={}_n\mathrm{C}_0+{}_n\mathrm{C}_1x+{}_n\mathrm{C}_2x^2+\cdots+{}_n\mathrm{C}_nx^n$ …… ㉠

(1) ㉠에 $x=1$을 대입하면 $2^n={}_n\mathrm{C}_0+{}_n\mathrm{C}_1+{}_n\mathrm{C}_2+\cdots+{}_n\mathrm{C}_n$ …… ㉡

(2) ㉠에 $x=-1$을 대입하면 $0={}_n\mathrm{C}_0-{}_n\mathrm{C}_1+{}_n\mathrm{C}_2-\cdots+(-1)^n{}_n\mathrm{C}_n$ …… ㉢

(3) ㉡+㉢을 하면 $2^n=2({}_n\mathrm{C}_0+{}_n\mathrm{C}_2+{}_n\mathrm{C}_4+{}_n\mathrm{C}_6+\cdots)$

양변을 2로 나누면 $2^{n-1}={}_n\mathrm{C}_0+{}_n\mathrm{C}_2+{}_n\mathrm{C}_4+{}_n\mathrm{C}_6+\cdots$

㉡−㉢을 하면 $2^n=2({}_n\mathrm{C}_1+{}_n\mathrm{C}_3+{}_n\mathrm{C}_5+{}_n\mathrm{C}_7+\cdots)$

양변을 2로 나누면 $2^{n-1}={}_n\mathrm{C}_1+{}_n\mathrm{C}_3+{}_n\mathrm{C}_5+{}_n\mathrm{C}_7+\cdots$

$\therefore 2^{n-1}={}_n\mathrm{C}_0+{}_n\mathrm{C}_2+{}_n\mathrm{C}_4+{}_n\mathrm{C}_6+\cdots={}_n\mathrm{C}_1+{}_n\mathrm{C}_3+{}_n\mathrm{C}_5+{}_n\mathrm{C}_7+\cdots$

개념 Plus

• **$(a+b)^n$의 전개식의 성질**

① 항의 개수는 $n+1$

② 전개식을 내림차순으로 정리했을 때, 각 항의 계수는 좌우 대칭을 이룬다.

• **하키 스틱 패턴**

각 단계의 첫 번째 또는 마지막 수인 1부터 시작하여 대각선 방향으로 배열된 n개의 수를 더한 값은 그 다음 단계의 n번째 수와 같다.

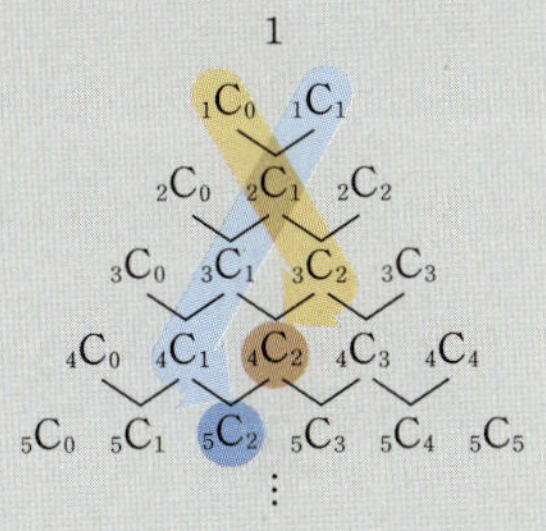

• n이 홀수, 즉 $n=2k+1$ $(k=0, 1, 2, \cdots)$일 때

${}_n\mathrm{C}_0+{}_n\mathrm{C}_1+{}_n\mathrm{C}_2+\cdots+{}_n\mathrm{C}_{k-1}+{}_n\mathrm{C}_k$

$={}_n\mathrm{C}_{k+1}+{}_n\mathrm{C}_{k+2}+\cdots+{}_n\mathrm{C}_{n-1}+{}_n\mathrm{C}_n$

$=2^{n-1}$

내신 & 수능 빈출 유형

유형 01 $(a+b)^n$의 전개식 (중요)

$\left(x^3-\frac{2}{x}\right)^6$의 전개식에서 x^2의 계수는?

① 150 ② 180 ③ 210 ④ 240 ⑤ 270

해결 포인트

$(a+b)^n$의 전개식의 일반항은 ${}_n\mathrm{C}_r a^{n-r}b^r$이다.

01-1 $\left(x^2+\frac{a}{x}\right)^5$의 전개식에서 x의 계수가 640일 때, 실수 a의 값은?

① 2 ② 3 ③ 4 ④ 5 ⑤ 6

01-2 다항식 $(x-a)^6$의 전개식에서 x의 계수와 상수항의 합이 0일 때, 상수 a의 값을 구하시오. (단, $a>0$)

해결 포인트

$(x-a)^6$의 전개식의 일반항은 ${}_6\mathrm{C}_r(-a)^r x^{6-r}$이다.

유형 02 $(a+b)^p(c+d)^q$의 전개식

다항식 $(x+1)(x+2)^6$의 전개식에서 x^3의 계수는?

① 240 ② 280 ③ 320 ④ 360 ⑤ 400

02-1 다항식 $(x-2)^2\left(x^2+\frac{1}{x}\right)^4$의 전개식에서 x^2의 계수는?

① 12 ② 24 ③ 36 ④ 48 ⑤ 60

유형 03 파스칼의 삼각형

오른쪽 그림의 파스칼의 삼각형을 이용하여

$${}_{3}C_{2}+{}_{3}C_{3}+{}_{4}C_{2}+{}_{5}C_{2}$$

의 값과 같은 것을 고르면?

① ${}_{5}C_{3}$　② ${}_{5}C_{4}$　③ ${}_{6}C_{1}$
④ ${}_{6}C_{2}$　⑤ ${}_{6}C_{3}$

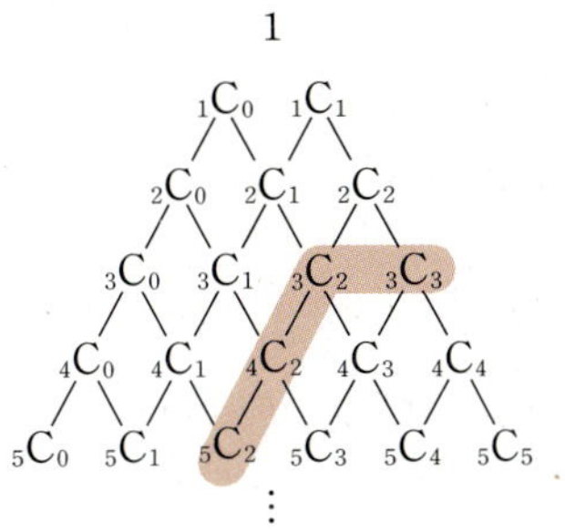

해결 포인트

각 단계의 첫 번째 또는 마지막 수인 1부터 시작하여 대각선 방향으로 n개의 수를 더한 값은 그 다음 행의 n번째 수와 같다.

03-1 오른쪽 그림의 파스칼의 삼각형에서 색칠한 부분에 있는 모든 수의 합은?

① 45　② 50　③ 55
④ 60　⑤ 65

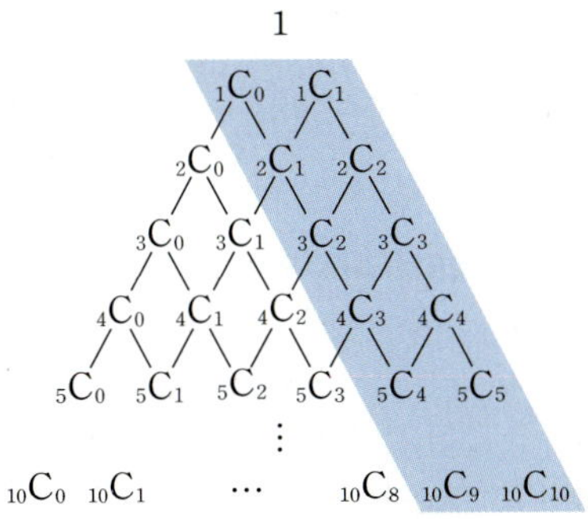

유형 04 이항계수의 성질

부등식 $200<{}_{n}C_{1}+{}_{n}C_{2}+{}_{n}C_{3}+\cdots+{}_{n}C_{n}<300$을 만족시키는 자연수 n의 값을 구하시오.

해결 포인트

${}_{n}C_{0}+{}_{n}C_{1}+{}_{n}C_{2}+\cdots+{}_{n}C_{n}=2^{n}$

04-1 ${}_{20}C_{1}-{}_{20}C_{2}+{}_{20}C_{3}-{}_{20}C_{4}+\cdots-{}_{20}C_{18}+{}_{20}C_{19}$의 값은?

① -2^{19}　② -2　③ 2　④ 2^{19}　⑤ 2^{20}

해결 포인트

${}_{n}C_{0}-{}_{n}C_{1}+{}_{n}C_{2}-\cdots+(-1)^{n}{}_{n}C_{n}=0$

04-2 ${}_{17}C_{9}+{}_{17}C_{10}+{}_{17}C_{11}+\cdots+{}_{17}C_{17}$의 값은?

① 2^{15}　② 2^{16}　③ 2^{17}　④ 2^{18}　⑤ 2^{19}

빈출 유형 마무리

01

자연수 N이

$$N=1+4\times11+6\times11^2+4\times11^3+11^4$$

일 때, N의 양의 약수의 개수를 구하시오.

02 중요

$(a+b)^{10}$의 전개식을 이용하여 8^{10}을 49로 나누었을 때의 나머지를 구하시오.

03

$6\times{}_5C_0+6^2\times{}_5C_1+6^3\times{}_5C_2+\cdots+6^6\times{}_5C_5$의 값과 같은 것은?

① 5×6^6 ② 5×6^7 ③ 5×7^5
④ 6×7^5 ⑤ 6×7^6

04

다항식 $(1+x)^6(2+x)^4$의 전개식에서 x^2의 계수를 구하시오.

05

$1+(1+x)+(1+x)^2+\cdots+(1+x)^{10}$의 전개식에서 x^6의 계수는?

① 240 ② 270 ③ 300
④ 330 ⑤ 360

06

원소의 개수가 8인 집합 S의 부분집합 중에서 원소의 개수가 홀수인 부분집합의 개수는?

① 16 ② 32 ③ 64
④ 128 ⑤ 256

07

| 2018학년도 수능 가형 6번, 나형 12번 |

$\left(x+\frac{2}{x}\right)^8$의 전개식에서 x^4의 계수는?

① 108 ② 112 ③ 116
④ 120 ⑤ 124

08

| 2012학년도 9월 평가원 나형 27번 |

다항식 $(x+a)^5$의 전개식에서 x^3의 계수와 x^4의 계수가 같을 때, $60a$의 값을 구하시오. (단, a는 양수이다.)

II

확률

01 확률의 뜻과 활용

교과서 알짜개념 짚어보기

❶ 시행과 사건

(1) 시행 : 동일한 조건에서 반복할 수 있고, 그 결과가 우연에 의하여 결정되는 관찰이나 실험

(2) 표본공간 : 어떤 시행에서 일어날 수 있는 모든 결과의 집합

(3) 사건 : 표본공간의 부분집합

(4) 표본공간 S의 부분집합인 두 사건 A, B에 대하여

① A 또는 B가 일어나는 사건을 합사건이라 하고, 기호로 $A\cup B$와 같이 나타낸다.

② A와 B가 동시에 일어나는 사건을 곱사건이라 하고, 기호로 $A\cap B$와 같이 나타낸다.

③ 배반사건 : 두 사건 A와 B가 동시에 일어나지 않을 때, 즉 $A\cap B=\varnothing$일 때, A와 B는 서로 배반이라 하고, 이 두 사건을 배반사건이라 한다.

④ 여사건 : 사건 A에 대하여 A가 일어나지 않는 사건을 A의 여사건이라 하고, 기호로 A^C과 같이 나타낸다.

⑤ 근원사건 : 표본공간의 부분집합 중에서 한 개의 원소로 이루어진 사건

❷ 수학적 확률과 통계적 확률

(1) 확률 : 어떤 시행에서 사건 A가 일어날 가능성을 수로 나타낸 것을 사건 A가 일어날 확률이라 하고, 이것을 기호로 $\mathrm{P}(A)$와 같이 나타낸다.

(2) 수학적 확률 : 어떤 시행에서 표본공간 S에 대하여 일어날 수 있는 모든 경우의 수가 n이고 각 경우가 일어날 가능성이 모두 같은 정도로 기대된다고 할 때, 사건 A가 일어나는 경우의 수가 r이면 사건 A가 일어날 확률 $\mathrm{P}(A)$는

$$\mathrm{P}(A)=\frac{n(A)}{n(S)}=\frac{(\text{사건 }A\text{가 일어나는 경우의 수})}{(\text{일어날 수 있는 모든 경우의 수})}=\frac{r}{n}$$

이다.

이와 같이 정의된 확률을 수학적 확률이라 한다.

(3) 통계적 확률 : 같은 시행을 n번 반복했을 때의 사건 A가 일어난 횟수를 r_n이라 할 때, n이 한없이 커짐에 따라 상대도수 $\frac{r_n}{n}$이 일정한 값 p에 가까워지면 이 값 p를 사건 A의 통계적 확률이라 한다.

❸ 확률의 기본 성질

(1) 표본공간 S의 임의의 사건 A에 대하여 $0\le \mathrm{P}(A)\le 1$

(2) 표본공간 S에 대하여 $\mathrm{P}(S)=1$

(3) 절대로 일어나지 않는 사건 $\varnothing$에 대하여 $\mathrm{P}(\varnothing)=0$

❹ 확률의 덧셈정리

(1) 확률의 덧셈정리 : 표본공간 S의 두 사건 A, B에 대하여

① $\mathrm{P}(A\cup B)=\mathrm{P}(A)+\mathrm{P}(B)-\mathrm{P}(A\cap B)$

② 두 사건 A, B가 서로 배반사건이면 $\mathrm{P}(A\cup B)=\mathrm{P}(A)+\mathrm{P}(B)$

(2) 여사건의 확률 : 사건 A의 여사건 A^C에 대하여

$$\mathrm{P}(A^C)=1-\mathrm{P}(A)$$

개념 Plus

• $A\cap A^C=\varnothing$이므로 사건 A와 그 여사건 A^C은 서로 배반사건이다.

• 수학적 확률은 각 근원사건이 일어날 가능성이 모두 같을 때에만 정의할 수 있다.

• **도형을 이용한 확률**
연속적인 변량을 크기로 갖는 표본공간의 영역 S 안에서 각각의 점을 잡을 가능성이 같은 정도로 기대될 때, 영역 S에 포함되어 있는 영역 A에 대하여 영역 S에서 임의로 잡은 점이 영역 A에 포함될 확률 $\mathrm{P}(A)$는

$$\mathrm{P}(A)=\frac{(\text{영역 }A\text{의 넓이})}{(\text{영역 }S\text{의 넓이})}$$

• 사건 A와 그 여사건 A^C은 서로 배반사건이므로 확률의 덧셈정리에 의하여
$\mathrm{P}(A\cup A^C)=\mathrm{P}(A)+\mathrm{P}(A^C)$
이때, $A\cup A^C=S$에서
$\mathrm{P}(A\cup A^C)=\mathrm{P}(S)=1$이므로
$\mathrm{P}(A^C)=1-\mathrm{P}(A)$

내신 & 수능 빈출 유형

정답과 풀이 12쪽

유형 01 수학적 확률

한 개의 주사위를 두 번 던져서 첫 번째 나온 눈의 수를 a, 두 번째 나온 눈의 수를 b라 할 때, $\frac{b}{a}$가 정수일 확률은?

① $\frac{7}{18}$ ② $\frac{5}{12}$ ③ $\frac{1}{2}$ ④ $\frac{11}{18}$ ⑤ $\frac{2}{3}$

해결 포인트

표본공간 S에 대하여 임의의 사건 A가 일어날 수학적 확률은

$$\mathrm{P}(A)=\frac{n(A)}{n(S)}$$

01-1 한 개의 주사위를 두 번 던져서 첫 번째 나온 눈의 수를 a, 두 번째 나온 눈의 수를 b라 할 때, x에 대한 일차방정식 $ax+b=0$의 근이 -2보다 클 확률은?

① $\frac{1}{3}$ ② $\frac{4}{9}$ ③ $\frac{5}{9}$ ④ $\frac{2}{3}$ ⑤ $\frac{3}{4}$

유형 02 순열, 원순열을 이용하는 확률 (중요)

1학년 학생 3명, 2학년 학생 4명, 3학년 학생 2명을 일렬로 세울 때, 1학년 학생끼리 이웃하게 세울 확률은 p, 3학년 학생끼리 이웃하지 않게 세울 확률은 q이다. $p+q$의 값은?

① $\frac{31}{36}$ ② $\frac{7}{9}$ ③ $\frac{25}{36}$ ④ $\frac{11}{18}$ ⑤ $\frac{19}{36}$

해결 포인트

1학년 학생끼리 이웃하게 세울 확률과 3학년 학생끼리 이웃하지 않게 세울 확률을 각각 구한다.

02-1 오른쪽 그림과 같은 원탁에 남학생 4명, 여학생 4명이 둘러앉을 때, 남학생과 여학생이 서로 번갈아 앉을 확률은?

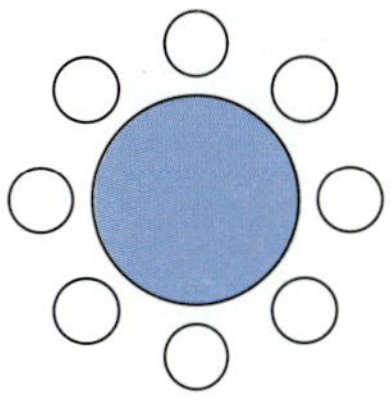

① $\frac{1}{140}$ ② $\frac{1}{70}$ ③ $\frac{1}{35}$ ④ $\frac{1}{28}$ ⑤ $\frac{1}{20}$

02-2 어른 5명과 어린이 2명을 일렬로 세울 때, 앞에서부터 두 자리에는 어른을 세우고 어린이끼리는 서로 이웃하지 않게 세울 확률은?

① $\frac{1}{7}$ ② $\frac{3}{14}$ ③ $\frac{2}{7}$ ④ $\frac{5}{14}$ ⑤ $\frac{3}{7}$

해결 포인트

어른을 먼저 세우고 어린이를 나중에 세운다.

내신 & 수능 빈출 유형

유형 03 중복순열, 같은 것이 있는 순열을 이용하는 확률

다섯 개의 숫자 1, 2, 3, 4, 5에서 중복을 허용하여 세 자리 자연수를 만들 때, 홀수일 확률을 구하시오.

03-1 오른쪽 그림과 같은 도로망이 있다. A지점에서 출발하여 B지점까지 최단 거리로 이동할 때, 선분 PQ를 거쳐서 이동할 확률은?

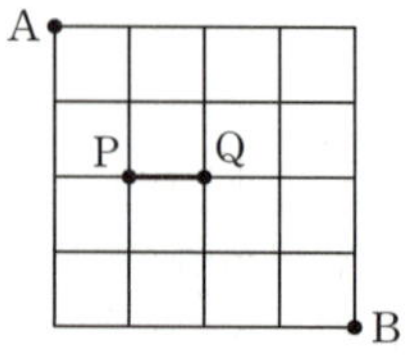

① $\frac{9}{35}$ ② $\frac{2}{7}$ ③ $\frac{5}{14}$
④ $\frac{3}{7}$ ⑤ $\frac{16}{35}$

유형 04 조합을 이용하는 확률 중요

흰 공 5개, 검은 공 4개가 들어 있는 주머니에서 4개의 공을 동시에 꺼낼 때, 흰 공 3개, 검은 공 1개가 나올 확률은 $\frac{q}{p}$이다. $p+q$의 값은? (단, p와 q는 서로소인 자연수이다.)

① 9 ② 11 ③ 79 ④ 83 ⑤ 85

해결 포인트
서로 다른 n개에서 순서를 생각하지 않고 r개를 택하는 경우의 수는 조합을 이용한다.

04-1 집합 $X=\{x|x$는 10 이하의 자연수$\}$의 원소 중에서 임의로 서로 다른 세 원소를 택할 때, 세 원소의 곱이 홀수일 확률은?

① $\frac{1}{12}$ ② $\frac{1}{6}$ ③ $\frac{1}{4}$ ④ $\frac{1}{3}$ ⑤ $\frac{5}{12}$

해결 포인트
세 원소의 곱이 홀수이려면 세 원소가 모두 홀수이어야 한다.

04-2 주머니에 흰 공과 검은 공을 합하여 모두 9개의 공이 들어 있다. 이 주머니에서 2개의 공을 동시에 꺼낼 때, 2개가 모두 흰 공일 확률이 $\frac{1}{6}$이다. 주머니 속에 들어 있는 흰 공의 개수를 구하시오.

해결 포인트
흰 공의 개수를 n이라 하고 확률을 구한다.

유형 05 확률의 덧셈정리

한 개의 주사위를 세 번 던질 때 나오는 눈의 수를 차례대로 a, b, c라 하자. 세 수 a, b, c가 등식 $(a-b)(b-c)=0$을 만족시킬 확률은?

① $\frac{2}{9}$ ② $\frac{1}{4}$ ③ $\frac{5}{18}$ ④ $\frac{11}{36}$ ⑤ $\frac{1}{3}$

05-1 1부터 12까지의 자연수가 하나씩 적힌 12장의 카드가 들어 있는 상자에서 임의로 3장의 카드를 동시에 꺼낼 때, 카드에 적힌 수의 합이 홀수일 확률은?

① $\frac{1}{6}$ ② $\frac{1}{4}$ ③ $\frac{1}{3}$ ④ $\frac{5}{12}$ ⑤ $\frac{1}{2}$

해결 포인트
세 수의 합이 홀수이려면 (짝수)+(짝수)+(홀수)이거나 (홀수)+(홀수)+(홀수)이어야 함을 이용한다.

유형 06 여사건의 확률 (중요)

당첨 제비 3개를 포함한 20개의 제비 중에서 3개의 제비를 동시에 뽑을 때, 적어도 한 개의 당첨 제비를 뽑을 확률은?

① $\frac{7}{19}$ ② $\frac{23}{57}$ ③ $\frac{25}{57}$ ④ $\frac{9}{19}$ ⑤ $\frac{29}{57}$

해결 포인트
'적어도 ~', '~ 이상', '~ 이하'와 같은 표현이 있을 때에는 여사건의 확률을 이용한다.

06-1 1부터 9까지의 자연수가 각각 하나씩 적힌 9개의 구슬이 들어 있는 주머니가 있다. 이 주머니에서 임의로 3개의 구슬을 동시에 꺼낼 때, 꺼낸 구슬에 3의 배수가 적힌 구슬이 포함될 확률은?

① $\frac{16}{21}$ ② $\frac{17}{21}$ ③ $\frac{6}{7}$ ④ $\frac{19}{21}$ ⑤ $\frac{20}{21}$

해결 포인트
꺼낸 구슬 중에서 3의 배수가 적힌 구슬이 포함되는 사건을 A라 하면 여사건 A^C은 꺼낸 구슬에 3의 배수가 적힌 구슬이 포함되지 않는 사건이다.

06-2 어느 어린이집 병아리 반에는 여자아이 5명과 남자아이 3명이 있다. 병아리 반 8명이 모두 일렬로 서서 근린공원으로 산책을 갈 때, 적어도 2명의 남자아이가 서로 이웃하게 서서 갈 확률은?

① $\frac{5}{12}$ ② $\frac{7}{13}$ ③ $\frac{9}{14}$ ④ $\frac{19}{21}$ ⑤ $\frac{37}{42}$

빈출 유형 마무리

01

집합 $A=\{1, 2, 3, \cdots, 9, 10\}$의 부분집합 중에서 임의로 한 개의 집합을 선택할 때, 그 집합이 소수인 원소를 모두 포함하고 있을 확률은?

① $\frac{1}{4}$ ② $\frac{1}{8}$ ③ $\frac{1}{16}$
④ $\frac{1}{32}$ ⑤ $\frac{1}{64}$

02

5개의 숫자 1, 1, 2, 2, 3을 일렬로 나열할 때, 홀수끼리는 모두 이웃할 확률은?

① $\frac{1}{5}$ ② $\frac{7}{30}$ ③ $\frac{4}{15}$
④ $\frac{3}{10}$ ⑤ $\frac{1}{3}$

03 중요

오른쪽 그림과 같이 8등분한 원판을 빨간색, 파란색, 노란색, 초록색을 포함한 8개의 색을 모두 이용하여 칠하려고 한다. 빨간색을 칠한 영역의 맞은편 영역에는 파란색을 칠하고, 노란색을 칠한 맞은편 영역에는 초록색을 칠할 확률은?

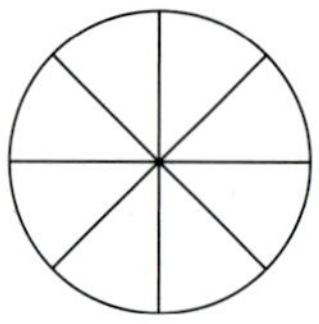

(단, 한 영역에는 한 가지 색만 칠한다.)

① $\frac{1}{35}$ ② $\frac{3}{35}$ ③ $\frac{1}{7}$
④ $\frac{12}{35}$ ⑤ $\frac{3}{7}$

04

1부터 10까지의 자연수가 각각 하나씩 적힌 10장의 카드가 들어 있는 상자에서 임의로 5장의 카드를 동시에 꺼낼 때, 카드에 적힌 수 중에서 두 번째로 작은 수가 4일 확률은?

① $\frac{1}{7}$ ② $\frac{4}{21}$ ③ $\frac{5}{21}$
④ $\frac{2}{7}$ ⑤ $\frac{1}{3}$

05

오른쪽 그림과 같이 원의 둘레를 8등분하는 8개의 점이 있다. 이 8개의 점 중에서 3개의 점을 택하여 삼각형을 만들 때, 이 삼각형이 직각삼각형이 될 확률은?

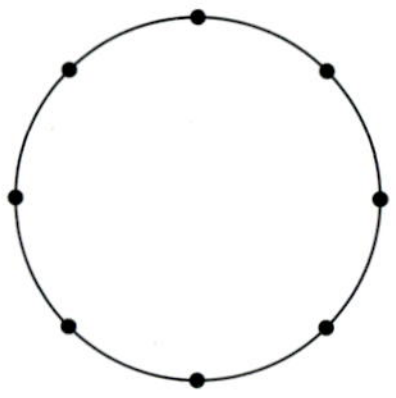

① $\frac{3}{14}$ ② $\frac{2}{7}$ ③ $\frac{5}{14}$
④ $\frac{3}{7}$ ⑤ $\frac{1}{2}$

06 중요

한 개의 주사위를 6번 던질 때, 나온 6개의 눈의 수가 서로 다른 5개의 수로 이루어져 있을 확률은 $\frac{q}{p}$이다. $p+q$의 값을 구하시오. (단, p와 q는 서로소인 자연수이다.)

07

5개의 숫자 1, 2, 3, 4, 5 중에서 서로 다른 4개의 숫자를 택하여 네 자리 자연수를 만들 때, 각 자리의 숫자의 합이 홀수일 확률은?

① $\frac{1}{5}$ ② $\frac{1}{4}$ ③ $\frac{1}{3}$
④ $\frac{2}{5}$ ⑤ $\frac{1}{2}$

08 중요

1부터 50까지의 자연수가 각각 하나씩 적힌 50장의 카드가 들어 있는 상자에서 임의로 한 장의 카드를 꺼낼 때, 카드에 적힌 수가 6과 서로소일 확률은?

① $\frac{3}{10}$ ② $\frac{8}{25}$ ③ $\frac{17}{50}$
④ $\frac{9}{25}$ ⑤ $\frac{19}{50}$

09

두 집합 $X=\{1, 2, 3\}$, $Y=\{1, 2, 3, 4, 5, 6\}$에 대하여 함수 $f: X \longrightarrow Y$를 만들 때, $f(1)\times f(2)\times f(3)$의 값이 짝수일 확률은 $\frac{q}{p}$이다. $p+q$의 값을 구하시오.

(단, p와 q는 서로소인 자연수이다.)

10 중요

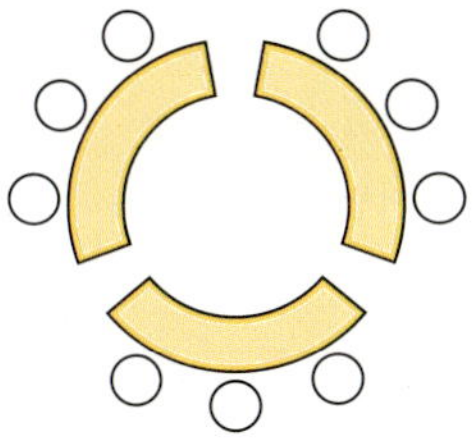

어느 고등학교의 1학년, 2학년, 3학년 학생 3명씩 9명이 오른쪽 그림과 같은 탁자 3개에 앉을 때, 같은 학년 학생들끼리 앉은 탁자가 1개 이하일 확률은 p이다. $280p$의 값을 구하시오. (단, 탁자의 모양과 크기는 모두 같고, 탁자는 모두 일정한 간격으로 놓여 있다.)

11

주머니 속에 1부터 10까지의 자연수가 각각 하나씩 적힌 10개의 공이 들어 있다. 이 주머니에서 4개의 공을 동시에 꺼낼 때, 꺼낸 4개의 공에 적힌 수의 합이 홀수일 확률은?

① $\frac{10}{21}$ ② $\frac{1}{2}$ ③ $\frac{11}{21}$ ④ $\frac{23}{42}$ ⑤ $\frac{4}{7}$

12 중요

갑, 을, 병을 포함한 8명이 일렬로 설 때, 갑, 을이 서로 이웃하거나 을, 병이 서로 이웃할 확률은?

① $\frac{5}{14}$ ② $\frac{11}{28}$ ③ $\frac{3}{7}$ ④ $\frac{13}{28}$ ⑤ $\frac{1}{2}$

13

세 사람이 자신의 모자를 벗어 서로 구별이 되지 않는 세 상자에 넣어 두었다. 세 사람이 임의로 한 개씩 상자를 가질 때, 적어도 한 사람은 자신의 모자를 가질 확률은?

① $\frac{1}{2}$ ② $\frac{7}{12}$ ③ $\frac{2}{3}$ ④ $\frac{3}{4}$ ⑤ $\frac{5}{6}$

14

| 2019학년도 6월 평가원 가형 10번 |

어느 지구대에서는 학생들의 안전한 통학을 위한 귀가도우미 프로그램에 참여하기로 하였다. 이 지구대의 경찰관은 모두 9명이고, 각 경찰관은 두 개의 근무조 A, B 중 한 조에 속해 있다. 이 지구대의 근무조 A는 5명, 근무조 B는 4명의 경찰관으로 구성되어 있다. 이 지구대 경찰관 9명 중에서 임의로 3명을 동시에 귀가도우미로 선택할 때, 근무조 A와 근무조 B에서 적어도 1명씩 선택될 확률은?

① $\frac{1}{2}$ ② $\frac{7}{12}$ ③ $\frac{2}{3}$ ④ $\frac{3}{4}$ ⑤ $\frac{5}{6}$

15

| 2017학년도 수능 가형 26번 |

두 주머니 A와 B에는 숫자 1, 2, 3, 4가 하나씩 적혀 있는 4장의 카드가 각각 들어 있다. 갑은 주머니 A에서, 을은 주머니 B에서 각자 임의로 두 장의 카드를 꺼내어 가진다. 갑이 가진 두 장의 카드에 적힌 수의 합과 을이 가진 두 장의 카드에 적힌 수의 합이 같을 확률은 $\frac{q}{p}$이다. $p+q$의 값을 구하시오.

(단, p, q는 서로소인 자연수이다.)

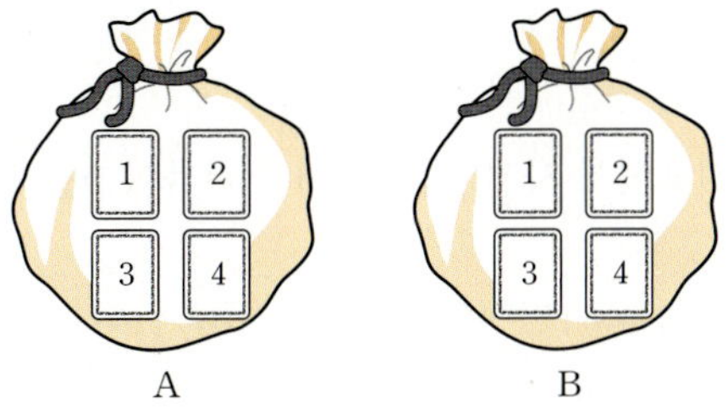

02 조건부확률

교과서 **알짜개념 짚어보기**

1 조건부확률

(1) 조건부확률

두 사건 A, B에 대하여 확률이 0이 아닌 사건 A가 일어났다고 가정할 때 사건 B가 일어날 확률을 사건 A가 일어났을 때의 사건 B의 조건부확률이라 하고, 이것을 기호로 $\mathrm{P}(B|A)$와 같이 나타낸다.

(2) 사건 A가 일어났을 때의 사건 B의 조건부확률은

$$\mathrm{P}(B|A)=\frac{\mathrm{P}(A\cap B)}{\mathrm{P}(A)} \text{ (단, } \mathrm{P}(A)>0)$$

2 확률의 곱셈정리

두 사건 A, B에 대하여 $\mathrm{P}(A)>0$, $\mathrm{P}(B)>0$일 때, 사건 $A\cap B$가 일어날 확률은

(1) $\mathrm{P}(B|A)=\dfrac{\mathrm{P}(A\cap B)}{\mathrm{P}(A)}$에서

$$\mathrm{P}(A\cap B)=\mathrm{P}(A)\mathrm{P}(B|A)$$

(2) $\mathrm{P}(A|B)=\dfrac{\mathrm{P}(A\cap B)}{\mathrm{P}(B)}$에서

$$\mathrm{P}(A\cap B)=\mathrm{P}(B)\mathrm{P}(A|B)$$

3 사건의 독립과 종속

(1) 두 사건 A, B에 대하여 사건 A가 일어나거나 일어나지 않는 것이 사건 B가 일어날 확률에 영향을 미치지 않을 때, 즉

$$\mathrm{P}(B|A)=\mathrm{P}(B|A^C)=\mathrm{P}(B)$$

일 때, 두 사건 A, B는 서로 독립이라 한다.

(2) 두 사건 A, B가 서로 독립이 아닐 때, 두 사건 A, B는 서로 종속이라 한다.

(3) 두 사건 A, B가 서로 독립이기 위한 필요충분조건은

$$\mathrm{P}(A\cap B)=\mathrm{P}(A)\mathrm{P}(B) \text{ (단, } \mathrm{P}(A)>0,\ \mathrm{P}(B)>0)$$

4 독립시행의 확률

(1) 독립시행

어떤 시행을 같은 조건에서 반복할 때, 각 시행의 결과가 다른 시행의 결과에 영향을 주지 않는 경우, 즉 각 시행에서 일어나는 사건이 서로 독립이면 이러한 시행을 독립시행이라 한다.

(2) 독립시행의 확률

1회의 시행에서 사건 A가 일어날 확률이 p일 때, n회의 독립시행에서 사건 A가 r회 일어날 확률은

① ${}_n\mathrm{C}_r p^r(1-p)^{n-r}$ (단, $r=1, 2, \cdots, n-1$)

② $r=0$일 때, $(1-p)^n$

③ $r=n$일 때, p^n

개념 Plus

• $\mathrm{P}(A\cap B)$는 전체집합 S를 표본공간으로 생각했을 때 사건 $A\cap B$가 일어날 확률이고, $\mathrm{P}(B|A)$는 사건 A를 표본공간으로 생각했을 때 사건 $A\cap B$가 일어날 확률이다.

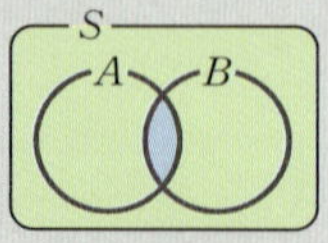

$\mathrm{P}(A\cap B)$

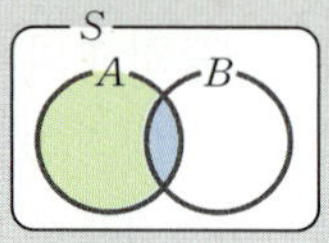

$\mathrm{P}(B|A)$

• 두 사건 A, E에 대하여 $A\cap E$, $A^C\cap E$는 서로 배반사건이므로

$$\begin{aligned}\mathrm{P}(E)&=\mathrm{P}(A\cap E)+\mathrm{P}(A^C\cap E)\\&=\mathrm{P}(A)\mathrm{P}(E|A)+\mathrm{P}(A^C)\mathrm{P}(E|A^C)\end{aligned}$$

• 두 사건 A, B가 서로 독립이면

① 두 사건 A^C, B가 서로 독립이다.

② 두 사건 A, B^C이 서로 독립이다.

③ 두 사건 A^C, B^C이 서로 독립이다.

• 서로 독립인 사건과 서로 배반인 사건을 혼동하지 않도록 주의한다.

➡ 두 사건 A, B가 서로 배반
$\iff A\cap B=\varnothing$
$\iff \mathrm{P}(A\cap B)=0$

• **독립시행의 예**

① 주사위 또는 동전을 반복해서 던지는 시행

② 검은 공과 흰 공이 들어 있는 주머니에서 한 개의 공을 꺼내어 공의 색을 확인한 후 다시 주머니에 넣는 과정을 반복하는 시행

③ 성공률이 p로 알려진 게임을 반복하는 시행

내신&수능 빈출 유형

정답과 풀이 16쪽

유형 01 조건부확률의 계산

두 사건 A, B에 대하여 $\mathrm{P}(A\cup B)=\frac{5}{7}$, $\mathrm{P}(B)=\frac{2}{7}$, $\mathrm{P}(A|B)=\frac{1}{4}$일 때, $\mathrm{P}(B|A)$의 값은?

① $\frac{1}{7}$ ② $\frac{2}{7}$ ③ $\frac{3}{7}$ ④ $\frac{4}{7}$ ⑤ $\frac{5}{7}$

해결 포인트

$\mathrm{P}(A|B)=\frac{\mathrm{P}(A\cap B)}{\mathrm{P}(B)}$, $\mathrm{P}(B|A)=\frac{\mathrm{P}(A\cap B)}{\mathrm{P}(A)}$ 임을 이용한다.

01-1 두 사건 A, B에 대하여 $\mathrm{P}(B)=\frac{1}{3}$, $\mathrm{P}(B|A)=\frac{2}{3}$, $\mathrm{P}(A|B)=\frac{1}{2}$일 때, $\mathrm{P}(B|A^C)$의 값은? (단, A^C은 A의 여사건이다.)

① $\frac{1}{6}$ ② $\frac{2}{9}$ ③ $\frac{5}{18}$ ④ $\frac{1}{3}$ ⑤ $\frac{7}{18}$

유형 02 조건부확률 (1) 중요

서로 다른 두 개의 주사위를 동시에 던져서 나오는 두 눈의 수의 합이 10 이상일 때, 두 눈의 수의 곱이 5의 배수일 확률은?

① $\frac{1}{6}$ ② $\frac{1}{3}$ ③ $\frac{1}{2}$ ④ $\frac{2}{3}$ ⑤ $\frac{5}{6}$

해결 포인트

$\mathrm{P}(B|A)=\frac{\mathrm{P}(A\cap B)}{\mathrm{P}(A)}$임을 이용한다.

02-1 오른쪽 표는 어느 회사 전체 직원 230명의 주요 통근 수단과 통근 거리를 조사한 것이다. 이 직원들 중에서 임의로 택한 한 직원의 통근 수단이 대중교통일 때, 그 직원의 통근 거리가 20 km 미만일 확률은?

(단위 : 명)

	대중교통	자가용
20 km 미만	56	42
20 km 이상	68	64

① $\frac{13}{31}$ ② $\frac{14}{33}$ ③ $\frac{14}{31}$ ④ $\frac{13}{17}$ ⑤ $\frac{14}{17}$

02-2 어느 학급은 남학생 21명, 여학생 14명으로 이루어져 있다. 이 학급의 모든 학생을 대상으로 두 영화 A, B 중 하나를 선택하여 관람하도록 하였더니 남학생 중에서 A영화를 관람한 학생은 9명이고, 여학생 중에서 B영화를 관람한 학생은 6명이었다. 이 중에서 임의로 뽑은 한 명이 A영화를 관람한 학생이었을 때, 그 학생이 여학생일 확률은 p이다. $34p$의 값을 구하시오.

해결 포인트

문제의 내용을 표로 정리하여 조건부확률을 구한다.

유형 03 확률의 곱셈정리 (1)

주머니에 흰 공 12개, 검은 공 8개가 들어 있다. 이 주머니에서 갑이 먼저 공 한 개를 뽑은 후 을이 공 한 개를 뽑을 때, 두 사람 모두 검은 공을 뽑을 확률은?

(단, 뽑은 공은 다시 넣지 않는다.)

① $\frac{14}{95}$ ② $\frac{3}{19}$ ③ $\frac{4}{25}$ ④ $\frac{16}{95}$ ⑤ $\frac{17}{95}$

해결 포인트

두 사건 A, B에 대하여 $\mathrm{P}(A)>0$, $\mathrm{P}(B)>0$일 때,
$\mathrm{P}(A\cap B)=\mathrm{P}(A)\mathrm{P}(B|A)$
$=\mathrm{P}(B)\mathrm{P}(A|B)$

03-1 빨간 주머니에는 흰 공 5개, 검은 공 4개가 들어 있고, 파란 주머니에는 흰 공 3개, 검은 공 6개가 들어 있다. 한 주머니를 임의로 택하여 공 한 개를 꺼낼 때, 그 공이 빨간 주머니에 들어 있는 흰 공일 확률은?

① $\frac{1}{9}$ ② $\frac{1}{6}$ ③ $\frac{2}{9}$ ④ $\frac{5}{18}$ ⑤ $\frac{1}{3}$

유형 04 확률의 곱셈정리 (2) 중요

5개의 당첨 제비를 포함하여 모두 20개의 제비가 상자에 들어 있다. 철수가 먼저 제비 한 개를 뽑은 후 민주가 제비 한 개를 뽑을 때, 민주가 당첨 제비를 뽑을 확률은?

(단, 뽑은 제비는 다시 넣지 않는다.)

① $\frac{1}{8}$ ② $\frac{1}{4}$ ③ $\frac{3}{8}$ ④ $\frac{1}{2}$ ⑤ $\frac{5}{8}$

해결 포인트

두 사건 A, E에 대하여
$\mathrm{P}(E)$
$=\mathrm{P}(A\cap E)+\mathrm{P}(A^C\cap E)$
임을 이용한다.

04-1 어떤 농구 선수가 경기 중 2회의 자유투를 던질 때, 첫 번째 자유투를 성공할 확률은 $\frac{7}{10}$이다. 첫 번째 자유투를 성공했을 때 두 번째 자유투도 성공할 확률은 $\frac{4}{5}$이고, 첫 번째 자유투를 실패했을 때 두 번째 자유투도 실패할 확률은 $\frac{3}{5}$이다. 이 선수가 경기 중 2회의 자유투 기회를 얻었을 때, 두 번째 자유투를 성공할 확률은?

① $\frac{16}{25}$ ② $\frac{13}{20}$ ③ $\frac{33}{50}$ ④ $\frac{67}{100}$ ⑤ $\frac{17}{25}$

해결 포인트

첫 번째 자유투를 실패하더라도 두 번째 자유투는 성공할 수 있다.

04-2 동전 한 개를 던져서 앞면이 나오면 주사위 한 개를 2번 던지고, 뒷면이 나오면 주사위 한 개를 1번 던지기로 할 때, 주사위의 소수의 눈이 1번 나올 확률은?

① $\frac{7}{18}$ ② $\frac{4}{9}$ ③ $\frac{1}{2}$ ④ $\frac{5}{9}$ ⑤ $\frac{11}{18}$

정답과 풀이 17쪽

유형 05 조건부확률 (2)

주머니 A에는 흰 공이 2개, 검은 공이 4개 들어 있고, 주머니 B에는 흰 공이 3개, 검은 공이 2개 들어 있다. 두 주머니 A, B 중에서 임의로 한 개를 택하여 2개의 공을 동시에 꺼냈더니 같은 색 공이 나왔을 때, 그 공이 주머니 B에서 나왔을 확률은?

① $\frac{9}{26}$ ② $\frac{5}{13}$ ③ $\frac{11}{26}$ ④ $\frac{6}{13}$ ⑤ $\frac{1}{2}$

해결 포인트

두 사건 A, E에 대하여
$\mathrm{P}(A|E)$
$=\frac{\mathrm{P}(A\cap E)}{\mathrm{P}(A\cap E)+\mathrm{P}(A^C\cap E)}$
임을 이용한다.

05-1 어느 학급은 학생의 $\frac{1}{3}$이 안경을 쓰는데 안경을 쓴 학생의 $\frac{4}{5}$가 하루 2시간 이상 스마트폰을 사용하고 안경을 쓰지 않는 학생의 $\frac{1}{2}$이 하루 2시간 이상 스마트폰을 사용한다고 한다. 이 학급의 전체 학생 중에서 임의로 택한 1명의 학생이 하루 2시간 이상 스마트폰을 사용할 때, 이 학생이 안경을 쓴 학생일 확률은?

① $\frac{4}{9}$ ② $\frac{1}{2}$ ③ $\frac{5}{9}$ ④ $\frac{11}{18}$ ⑤ $\frac{2}{3}$

유형 06 사건의 독립과 종속의 판단 (중요)

한 개의 주사위를 두 번 던져서 첫 번째에 홀수의 눈이 나오는 사건을 A, 두 번째에 짝수의 눈이 나오는 사건을 B, 홀수의 눈과 짝수의 눈이 한 번씩 나오는 사건을 C라 할 때, |보기|에서 서로 독립인 사건만을 있는 대로 고른 것은?

| 보기 |
ㄱ. A와 B ㄴ. B와 C ㄷ. A와 C

① ㄱ ② ㄴ ③ ㄱ, ㄷ ④ ㄴ, ㄷ ⑤ ㄱ, ㄴ, ㄷ

해결 포인트

$\mathrm{P}(A\cap B)=\mathrm{P}(A)\mathrm{P}(B)$이면 두 사건 A, B가 서로 독립이다.

06-1 각 면에 1부터 12까지의 자연수가 각각 하나씩 적힌 정십이면체 모양의 주사위를 던져서 짝수의 눈이 나오는 사건을 A, 홀수인 소수의 눈이 나오는 사건을 B, 3의 배수의 눈이 나오는 사건을 C라 할 때, |보기|에서 옳은 것만을 있는 대로 고른 것은?

| 보기 |
ㄱ. $\mathrm{P}(A\cap B)<\mathrm{P}(B\cap C)<\mathrm{P}(A\cap C)$
ㄴ. 두 사건 B, C는 서로 독립이다.
ㄷ. 두 사건 A, C는 서로 독립이다.

① ㄱ ② ㄴ ③ ㄱ, ㄷ ④ ㄴ, ㄷ ⑤ ㄱ, ㄴ, ㄷ

정답과 풀이 19쪽

유형 07 독립사건의 확률

주머니 A에는 흰 공 4개, 검은 공 3개가 들어 있고, 주머니 B에는 흰 공 2개, 검은 공 3개가 들어 있다. 두 주머니 A, B에서 각각 임의로 2개의 공을 동시에 꺼낼 때, 두 주머니 A, B 중에서 적어도 한쪽에서 검은 공이 1개 이상 나올 확률은?

① $\frac{6}{7}$ ② $\frac{31}{35}$ ③ $\frac{32}{35}$ ④ $\frac{33}{35}$ ⑤ $\frac{34}{35}$

해결 포인트
각 주머니에서 공을 꺼내는 사건은 서로 영향을 주지 않으므로 서로 독립인 사건이다.

07-1 지영이와 민희가 테니스 결승전에 진출하였다. 결승전에서 두 번을 먼저 이기는 사람이 우승하고, 한 번의 시합에서 민희가 이길 확률이 $\frac{3}{5}$일 때, 민희가 우승할 확률은?

(단, 비기는 경우는 없고, 우승자가 정해지면 경기는 끝난다.)

① $\frac{2}{5}$ ② $\frac{1}{2}$ ③ $\frac{3}{5}$ ④ $\frac{81}{125}$ ⑤ $\frac{4}{5}$

해결 포인트
각 시합의 승패가 서로 영향을 주지 않으므로 서로 독립인 사건이다.

유형 08 독립시행의 확률

어떤 농구 선수의 자유투 성공률이 $\frac{3}{4}$이라 한다. 이 선수가 5번의 자유투를 던질 때, 적어도 한 번은 성공할 확률은?

① $\frac{1}{1024}$ ② $\frac{1}{512}$ ③ $\frac{81}{1024}$ ④ $\frac{511}{512}$ ⑤ $\frac{1023}{1024}$

해결 포인트
1회의 시행에서 일어날 확률이 $\frac{3}{4}$, 총 5회의 독립시행이다.

08-1 ○, ×로 답하는 10개의 문제 중 8문제 이상을 맞히면 합격인 시험이 있다. 어떤 수험생이 각각의 문제를 맞힐 확률이 $\frac{1}{2}$일 때, 이 시험에서 합격할 확률은?

① $\frac{7}{128}$ ② $\frac{15}{256}$ ③ $\frac{1}{16}$ ④ $\frac{35}{512}$ ⑤ $\frac{75}{1024}$

08-2 갑은 현재 약재로 쓰이는 세 종류의 작물을 재배하고 있다. 각각의 작물을 재배하여 성공할 확률은 40 %이고, 세 종류 중에서 두 종류 이상의 작물 재배에 성공하면 이익을 낼 수 있다고 한다. 갑이 이익을 낼 확률이 $\frac{q}{p}$일 때, $p+q$의 값을 구하시오.

(단, p와 q는 서로소인 자연수이다.)

해결 포인트
1회의 시행에서 일어날 확률이 40 %, 즉 $\frac{2}{5}$이고 총 3회의 독립시행이다.

빈출 유형 마무리

01

두 사건 A, B에 대하여

$$P(A)=\frac{1}{3},\ P(B^C)=\frac{1}{3},\ P(B|A)=\frac{2}{5}$$

일 때, $P(A^C|B)$의 값은? (단, A^C은 A의 여사건이다.)

① $\frac{1}{2}$ ② $\frac{2}{3}$ ③ $\frac{3}{4}$
④ $\frac{4}{5}$ ⑤ $\frac{5}{6}$

02

두 양궁 선수 A, B가 화살을 한 번 쏘아 10점 과녁에 명중시킬 확률은 각각 $\frac{3}{5}$, $\frac{2}{3}$이다. 두 선수 중 임의로 한 선수를 택하여 화살을 두 번 쏘도록 하였더니 두 번 모두 10점 과녁에 명중시켰을 때, 선택된 선수가 A이었을 확률이 $\frac{q}{p}$이다. $p+q$의 값을 구하시오. (단, p와 q는 서로소인 자연수이다.)

03

어느 도시에서 일어난 뺑소니 사건의 목격자가 뺑소니 차량을 자가용 차량이라고 증언하였다. 목격자가 자가용 차량과 영업용 차량을 구별할 수 있는 능력을 측정해 본 결과 바르게 구별할 확률이 80 %이었다. 이 도시에서 뺑소니 사건을 일으키는 차량의 70 %는 자가용 차량이고, 30 %는 영업용 차량이라 할 때, 목격자가 본 뺑소니 차량이 실제로 자가용 차량일 확률은?

① $\frac{26}{31}$ ② $\frac{27}{31}$ ③ $\frac{28}{31}$
④ $\frac{29}{31}$ ⑤ $\frac{30}{31}$

04

주머니 A에는 검은 공 1개, 흰 공 4개, 주머니 B에는 검은 공 2개, 흰 공 3개, 주머니 C에는 검은 공 3개, 흰 공 2개가 들어 있다. 3개의 주머니 중 임의로 한 개를 택하여 한 개의 공을 꺼냈다. 꺼낸 공이 흰 공이었을 때, 이 공이 주머니 C에서 나온 것일 확률은?

① $\frac{1}{9}$ ② $\frac{2}{9}$ ③ $\frac{1}{3}$
④ $\frac{2}{5}$ ⑤ $\frac{7}{15}$

05 중요

오른쪽 표는 형주와 정후가 가위바위보를 할 때, 가위, 바위, 보를 낼 확률을 나타낸 것이다. 가위바위보를 하여 형주가 이겼을 때, 형주가 바위를 내서 이겼을 확률은 p이다. $11p$의 값을 구하시오.

	가위	바위	보
형주	$\frac{3}{10}$	$\frac{3}{10}$	$\frac{2}{5}$
정후	$\frac{1}{2}$	$\frac{3}{10}$	$\frac{1}{5}$

06

서로 독립인 두 사건 A, B에 대하여

$$P(A|B)=\frac{1}{3},\ P(A\cap B^C)+P(A^C\cap B)=\frac{5}{12}$$

가 성립할 때, $P(A\cap B)$의 값은?

① $\frac{1}{24}$ ② $\frac{1}{12}$ ③ $\frac{1}{8}$
④ $\frac{1}{6}$ ⑤ $\frac{5}{24}$

07

다음은 세 정당의 국회의원 120명을 대상으로 어느 법안 통과에 대한 찬반 여부를 조사한 결과를 나타낸 표이다.

(단위 : 명)

구분	찬성	반대	합계
A 정당	a	b	60
B 정당	30	10	40
C 정당	15	5	20

120명 중에서 임의로 한 명을 선택할 때, B 정당 국회의원이 선택되는 사건과 법안 통과에 반대하는 사람이 선택되는 사건이 서로 독립이다. 두 상수 a, b에 대하여 $a-b$의 값을 구하시오.

08

A군은 평균 다섯 번에 한 번 꼴로 방문한 곳에 휴대전화를 놓고 온다. 어느 날 학교, 식당, 도서관을 차례대로 들러 집에 돌아왔을 때, 휴대전화를 놓고 왔음을 알았다. A군이 휴대전화를 도서관에 놓고 왔을 확률은?

(단, 휴대전화는 이동하면서 잃어버리지 않는다.)

① $\frac{17}{61}$ ② $\frac{16}{61}$ ③ $\frac{15}{61}$
④ $\frac{14}{61}$ ⑤ $\frac{13}{61}$

빈출 유형 마무리

09 중요

프로야구 한국시리즈에 진출한 두 팀 A, B가 한 경기를 치를 때, A팀이 이길 확률은 $\frac{3}{5}$이다. 네 경기를 먼저 이기는 팀이 한국시리즈에서 우승한다고 할 때, 6번째 경기에서 우승팀이 결정될 확률은 $\frac{k}{5^5}$이다. 자연수 k의 값을 구하시오.

(단, 비기는 경우는 없다.)

10

두 사건 A, B가 서로 독립일 때, |보기|에서 옳은 것만을 있는 대로 고른 것은? (단, A^C은 A의 여사건이다.)

| 보기 |

ㄱ. $\mathrm{P}(A^C|B)=1-\mathrm{P}(A)$
ㄴ. $\mathrm{P}(A\cap B^C)=\mathrm{P}(A|B^C)\mathrm{P}(B^C|A)$
ㄷ. $\mathrm{P}(A)\mathrm{P}(B^C)+\mathrm{P}(B)=\mathrm{P}(A\cup B)$

① ㄱ ② ㄷ ③ ㄱ, ㄴ
④ ㄴ, ㄷ ⑤ ㄱ, ㄴ, ㄷ

11

어느 음료 회사에서는 당첨 음료 상자를 만들어 당첨될 경우 음료 한 상자를 더 주는 행사를 하고 있다. 이 회사에서 일반 음료 상자와 당첨 음료 상자의 비율이 8 : 2가 되도록 물량을 공급하고 있을 때, 이 음료 회사의 음료를 세 상자 구입하여 음료 한 상자를 추가로 받을 확률은 $\frac{q}{p}$이다. $p+q$의 값을 구하시오. (단, p와 q는 서로소인 자연수이다.)

12 중요

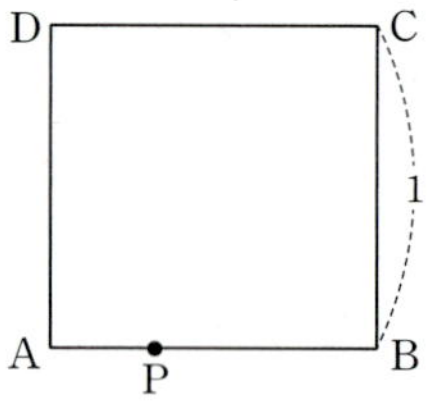

오른쪽 그림과 같이 한 변의 길이가 1인 정사각형 ABCD의 변 위를 움직이는 동점 P가 있다. 주사위 한 개를 한 번 던져서 1 또는 2의 눈이 나오면 점 P를 시계 방향으로 1만큼 움직이고, 3 이상의 눈이 나오면 시계 반대 방향으로 1만큼 움직인다. 주사위를 5번 던질 때, 꼭짓점 A를 출발한 점 P가 꼭짓점 B에 도착할 확률은?

① $\frac{44}{81}$ ② $\frac{122}{243}$ ③ $\frac{112}{243}$
④ $\frac{34}{81}$ ⑤ $\frac{92}{243}$

13

| 2017학년도 수능 나형 13번 |

어느 학교의 전체 학생은 360명이고, 각 학생은 체험 학습 A, 체험 학습 B 중 하나를 선택하였다. 이 학교의 학생 중 체험 학습 A를 선택한 학생은 남학생 90명과 여학생 70명이다. 이 학교의 학생 중 임의로 뽑은 1명의 학생이 체험 학습 B를 선택한 학생일 때, 이 학생이 남학생일 확률은 $\frac{2}{5}$이다. 이 학교의 여학생의 수는?

① 180 ② 185 ③ 190
④ 195 ⑤ 200

14

| 2018학년도 수능 가형 13번 |

한 개의 주사위를 두 번 던진다. 6의 눈이 한 번도 나오지 않을 때, 나온 두 눈의 수의 합이 4의 배수일 확률은?

① $\frac{4}{25}$ ② $\frac{1}{5}$ ③ $\frac{6}{25}$
④ $\frac{7}{25}$ ⑤ $\frac{8}{25}$

III

통계

01 이산확률분포

교과서 알짜개념 짚어보기

❶ 확률변수와 확률분포

(1) 확률변수

어떤 시행에서 표본공간의 각 원소에 하나의 실수 값이 대응되는 함수를 확률변수라 한다.

(2) 이산확률변수

확률변수 X가 가질 수 있는 값이 유한개이거나 자연수와 같이 셀 수 있을 때, X를 이산확률변수라 하고, 이산확률변수 X가 어떤 값 x를 가질 확률을 기호로 $\mathrm{P}(X=x)$와 같이 나타낸다.

(3) 확률질량함수

이산확률변수 X가 가질 수 있는 모든 값 $x_1, x_2, \cdots, x_n$에 이 값을 가질 확률 $p_1, p_2, \cdots, p_n$이 대응되는 함수 $\mathrm{P}(X=x_i)=p_i$ $(i=1, 2, \cdots, n)$를 이산확률변수 X의 확률질량함수라 한다.

개념 Plus

• 확률질량함수의 성질

이산확률변수 X의 확률질량함수 $\mathrm{P}(X=x_i)=p_i$ $(i=1, 2, \cdots, n)$

① $0\le p_i\le 1$

② $p_1+p_2+\cdots+p_n=1$

③ $\mathrm{P}(x_i\le X\le x_j)=p_i+p_{i+1}+\cdots+p_j$ (단, $i, j=1, 2, \cdots, n, i\le j$)

❷ 이산확률변수의 기댓값(평균), 분산, 표준편차

이산확률변수 X의 확률질량함수가 $\mathrm{P}(X=x_i)=p_i$ $(i=1, 2, \cdots, n)$일 때

(1) 기댓값(평균) : $\mathrm{E}(X)=x_1p_1+x_2p_2+\cdots+x_np_n$

(2) 분산 : $\mathrm{V}(X)=\mathrm{E}((X-m)^2)=\mathrm{E}(X^2)-\{\mathrm{E}(X)\}^2$ (단, $m=\mathrm{E}(X)$)

(3) 표준편차 : $\sigma(X)=\sqrt{\mathrm{V}(X)}$

• $\mathrm{V}(X)$
$=(x_1-m)^2p_1+(x_2-m)^2p_2+\cdots+(x_n-m)^2p_n$
$=(x_1^2-2mx_1+m^2)p_1+(x_2^2-2mx_2+m^2)p_2+\cdots+(x_n^2-2mx_n+m^2)p_n$
$=(x_1^2p_1+x_2^2p_2+\cdots+x_n^2p_n)-2m(x_1p_1+x_2p_2+\cdots+x_np_n)+m^2(p_1+p_2+\cdots+p_n)$
$=(x_1^2p_1+x_2^2p_2+\cdots+x_n^2p_n)-m^2$
$=\mathrm{E}(X^2)-\{\mathrm{E}(X)\}^2$

❸ 이산확률변수 $aX+b$의 평균, 분산, 표준편차

이산확률변수 X와 두 상수 $a\,(a\neq 0)$, b에 대하여

(1) $\mathrm{E}(aX+b)=a\mathrm{E}(X)+b$

(2) $\mathrm{V}(aX+b)=a^2\mathrm{V}(X)$

(3) $\sigma(aX+b)=|a|\sigma(X)$

❹ 이항분포

(1) 이항분포

한 번의 시행에서 사건 A가 일어날 확률이 p, 일어나지 않을 확률이 $q\,(=1-p)$일 때, n번의 독립시행에서 사건 A가 일어나는 횟수를 확률변수 X라 하면 X의 확률분포를 이항분포라 하고, 기호로 $\mathrm{B}(n, p)$와 같이 나타낸다. 이때, X의 확률질량함수는

$$\mathrm{P}(X=x)=\begin{cases} {}_n\mathrm{C}_0q^n & (x=0) \\ {}_n\mathrm{C}_xp^xq^{n-x} & (x=1, 2, \cdots, n-1) \\ {}_n\mathrm{C}_np^n & (x=n) \end{cases}$$

(2) 확률변수 X가 이항분포 $\mathrm{B}(n, p)$를 따를 때 (단, $q=1-p$)

① 평균 : $\mathrm{E}(X)=np$

② 분산 : $\mathrm{V}(X)=npq$

③ 표준편차 : $\sigma(X)=\sqrt{npq}$

• 큰 수의 법칙

어떤 시행에서 사건 A가 일어날 수학적 확률이 p이고 n번의 독립시행에서 사건 A가 일어나는 횟수를 X라 할 때, 임의의 양수 h에 대하여 n의 값이 한없이 커질수록 $\mathrm{P}\left(\left|\dfrac{X}{n}-p\right|<h\right)$는 1에 가까워진다.

내신 & 수능 빈출 유형

정답과 풀이 23쪽

유형 01 확률질량함수의 성질

확률변수 X의 확률질량함수가

$$P(X=x)=\frac{k}{x(x+1)}\ (x=1,\ 2,\ 3,\ \cdots,\ 50)$$

일 때, 상수 k의 값은?

① $\frac{24}{25}$ ② $\frac{49}{50}$ ③ 1 ④ $\frac{51}{50}$ ⑤ $\frac{26}{25}$

해결 포인트

확률의 총합은 1이므로 $P(X=1)+P(X=2)+\cdots+P(X=50)=1$ 이다.

01-1 확률변수 X의 확률분포를 표로 나타내면 오른쪽과 같을 때, $P(X^2=1)$은?

X	-1	0	1	합계
$P(X=x)$	$\frac{1}{2}a$	a	$\frac{1}{2}$	1

① $\frac{1}{6}$ ② $\frac{1}{3}$ ③ $\frac{1}{2}$ ④ $\frac{2}{3}$ ⑤ $\frac{5}{6}$

해결 포인트

$P(X^2=1)=P(X=-1)+P(X=1)$ 임을 이용한다.

유형 02 확률분포와 확률

10개의 제품 중 불량품이 4개 들어 있는 상자에서 3개의 제품을 동시에 꺼낼 때, 불량품의 개수를 확률변수 X라 하자. $P(X\geq 1)$은?

① $\frac{1}{2}$ ② $\frac{7}{12}$ ③ $\frac{2}{3}$ ④ $\frac{3}{4}$ ⑤ $\frac{5}{6}$

해결 포인트

확률변수 X가 가질 수 있는 값은 0, 1, 2, 3이다. X가 각 값을 가질 확률을 구한다.

02-1 1, 1, 2, 3, 3의 숫자가 각각 하나씩 적혀 있는 공이 5개 들어 있는 주머니에서 임의로 2개의 공을 동시에 꺼낼 때, 두 개의 공에 적혀 있는 수의 합을 확률변수 X라 하자. $P(4\leq X\leq 5)$는?

① $\frac{1}{2}$ ② $\frac{3}{5}$ ③ $\frac{7}{10}$ ④ $\frac{4}{5}$ ⑤ $\frac{9}{10}$

해결 포인트

$P(4\leq X\leq 5)=P(X=4)+P(X=5)$ 임을 이용한다.

02-2 한 개의 주사위를 던지는 시행을 4회 반복할 때, 홀수인 소수의 눈이 나오는 횟수를 확률변수 X라 하자. $P(X^2-6X+8\leq 0)$은?

① $\frac{11}{27}$ ② $\frac{4}{9}$ ③ $\frac{13}{27}$ ④ $\frac{14}{27}$ ⑤ $\frac{5}{9}$

해결 포인트

$P(X^2-6X+8\leq 0)=P(X=2)+P(X=3)+P(X=4)$ 임을 이용한다.

내신&수능 빈출 유형

유형 03 확률변수의 평균, 분산, 표준편차

확률변수 X의 확률분포를 표로 나타내면 오른쪽과 같을 때, $\mathrm{E}(X^2)$은?

X	1	2	3	합계
$\mathrm{P}(X=x)$	$\frac{1}{5}$	a	$3a$	1

① $\frac{16}{5}$　② 4　③ $\frac{24}{5}$　④ $\frac{28}{5}$　⑤ $\frac{32}{5}$

해결 포인트
확률의 총합은 1임을 이용하여 상수 a의 값을 구한 다음
$\mathrm{E}(X^2)=x_1^2p_1+x_2^2p_2+\cdots+x_n^2p_n$
임을 이용한다.

03-1 확률변수 X의 확률분포를 표로 나타내면 오른쪽과 같다. $\mathrm{E}(X)=-\frac{1}{6}$일 때, 확률변수 X의 분산을 구하시오.

X	-2	-1	0	1	2	합계
$\mathrm{P}(X=x)$	$\frac{1}{3}$	a	$\frac{5}{18}$	b	$\frac{2}{9}$	1

해결 포인트
확률의 총합 및 $\mathrm{E}(X)$를 이용하여 두 상수 a, b의 값부터 구한다.

유형 04 확률변수 $aX+b$의 평균, 분산, 표준편차

확률변수 X에 대하여 $\mathrm{E}(X)=12$, $\mathrm{E}(X^2)=160$일 때, $\sigma(3X+1)$은?

① 12　② 21　③ 30　④ 39　⑤ 48

해결 포인트
두 상수 $a\,(a\neq0)$, b에 대하여 $\sigma(aX+b)=|a|\sigma(X)$임을 이용한다.

04-1 확률변수 X의 평균이 m, 표준편차가 σ일 때, 확률변수 $Z=\frac{X-m}{\sigma}$의 평균을 a, 표준편차를 b라 하자. $a+b$의 값을 구하시오.

04-2 확률변수 X에 대하여 $\mathrm{E}(X)=3$, $\mathrm{V}(X)=4$일 때, 확률변수 $Y=5X-3$에 대하여 $\mathrm{E}(Y^2)$을 구하시오.

해결 포인트
$\mathrm{E}(Y^2)=\mathrm{V}(Y)+\{\mathrm{E}(Y)\}^2$임을 이용한다.

정답과 풀이 23쪽

유형 05 이산확률변수의 평균, 분산, 표준편차 - 빈칸 추론

한 개의 주사위를 두 번 던져 나온 모든 눈의 수의 합을 A라 하자. A의 양의 약수의 개수를 확률변수 X라 할 때, 다음은 $\mathrm{E}(X)$를 구하는 과정이다.

> A가 가질 수 있는 값은 2, 3, 4, …, 12이므로 X가 가질 수 있는 값은 2, 3, 4, 6이다.
>
> (i) $X=2$인 사건은 $A=2, 3, 5, 7, 11$인 경우이므로 $\mathrm{P}(X=2)=$ (가)
>
> (ii) $X=3$인 사건은 $A=4, 9$인 경우이고 (1, 3), (2, 2), (3, 1), (3, 6), (4, 5), (5, 4), (6, 3)의 7가지가 있으므로 $\mathrm{P}(X=3)=\frac{7}{36}$
>
> (iii) $X=4$인 사건은 $A=6, 8, 10$인 경우이므로 $\mathrm{P}(X=4)=$ (나)
>
> (iv) $X=6$인 사건은 $A=12$인 경우이고 (6, 6)의 1가지가 있으므로 $\mathrm{P}(X=6)=\frac{1}{36}$
>
> (i)~(iv)에 의하여 확률변수 X의 확률분포를 표로 나타내면 다음과 같다.
>
> | X | 2 | 3 | 4 | 6 | 합계 |
> |---|---|---|---|---|---|
> | $\mathrm{P}(X=x)$ | (가) | $\frac{7}{36}$ | (나) | $\frac{1}{36}$ | 1 |
>
> 따라서 $\mathrm{E}(X)=$ (다) 이다.

위의 (가), (나), (다)에 알맞은 수를 각각 p, q, r라 할 때, $p+q+r$의 값을 구하시오.

해결 포인트

소수의 양의 약수의 개수는 2이고 소수의 제곱인 수의 양의 약수의 개수는 3이다.

05-1 1부터 6까지의 자연수가 각각 하나씩 적혀 있는 카드 6장이 들어 있는 주머니에서 임의로 한 장의 카드를 꺼내어 숫자를 확인한 후 주머니에 다시 넣지 않는다. 이와 같은 시행을 반복할 때, 처음으로 홀수가 적혀 있는 카드를 꺼낼 때까지의 시행 횟수를 확률변수 X라 하자. 다음은 $\mathrm{E}(X)$를 구하는 과정이다.

> 1부터 6까지의 자연수 중에서 홀수는 1, 3, 5이므로 X가 가질 수 있는 값은 1, 2, 3, 4이다.
>
> (i) 첫 번째 꺼낸 카드에 홀수가 적혀 있는 경우 $\mathrm{P}(X=1)=\frac{1}{2}$
>
> (ii) 두 번째 꺼낸 카드에 처음으로 홀수가 적혀 있는 경우 $\mathrm{P}(X=2)=\frac{3}{10}$
>
> (iii) 세 번째 꺼낸 카드에 처음으로 홀수가 적혀 있는 경우 $\mathrm{P}(X=3)=$ (가)
>
> (iv) 네 번째 꺼낸 카드에 처음으로 홀수가 적혀 있는 경우 $\mathrm{P}(X=4)=$ (나)
>
> (i)~(iv)에 의하여 확률변수 X의 확률분포를 표로 나타내면 다음과 같다.
>
> | X | 1 | 2 | 3 | 4 | 합계 |
> |---|---|---|---|---|---|
> | $\mathrm{P}(X=x)$ | $\frac{1}{2}$ | $\frac{3}{10}$ | (가) | (나) | 1 |
>
> 따라서 $\mathrm{E}(X)=$ (다) 이다.

위의 (가), (나), (다)에 알맞은 수를 각각 p, q, r라 할 때, $p+q+r$의 값을 구하시오.

정답과 풀이 24쪽

유형 06 이항분포의 확률

확률변수 X의 확률질량함수가

$$P(X=r)=\begin{cases} {}_{12}C_0(1-p)^{12} & (r=0) \\ {}_{12}C_r p^r(1-p)^{12-r} & (r=1,\ 2,\ \cdots,\ 11) \\ {}_{12}C_{12}p^{12} & (r=12) \end{cases}$$

일 때, $P(X=4)=\frac{1}{16}P(X=8)$이다. $P(X=11)=\frac{2^b}{3^a}$일 때, $a+b$의 값을 구하시오.

(단, $0<p<1$이고 a, b는 자연수이다.)

해결 포인트

$P(X=4)=\frac{1}{16}P(X=8)$을 이용하여 p의 값을 구한다.

06-1 서로 다른 세 개의 주사위를 동시에 던지는 시행을 8회 반복할 때, 세 개의 주사위 모두 짝수의 눈이 나오는 횟수를 확률변수 X라 하자. $P(X=1)$은?

① $\frac{7^7}{2^{23}}$　② $\frac{7^7}{2^{22}}$　③ $\frac{7^7}{2^{21}}$　④ $\frac{7^8}{2^{23}}$　⑤ $\frac{7^8}{2^{22}}$

해결 포인트

확률변수 X는 이항분포 $B\left(8,\ \frac{1}{8}\right)$을 따른다.

유형 07 이항분포의 평균, 분산, 표준편차

확률변수 X의 확률질량함수가 다음과 같다.

$$P(X=x)=\begin{cases} {}_{36}C_0(1-p)^{36} & (x=0) \\ {}_{36}C_x p^x(1-p)^{36-x} & (x=1,\ 2,\ \cdots,\ 35) \\ {}_{36}C_{36}p^{36} & (x=36) \end{cases}$$

$V(X)=5$일 때, $E(X)$는? $\left(단,\ 0<p<\frac{1}{2}\right)$

① 6　② 12　③ 18　④ 24　⑤ 30

해결 포인트

확률변수 X가 이항분포 $B(n,\ p)$를 따를 때, $E(X)=np$, $V(X)=np(1-p)$임을 이용한다.

07-1 확률변수 X가 이항분포 $B(4,\ p)$를 따를 때, $P(X=4)=\frac{1}{16}$이다. 확률변수 $3X+4$의 평균을 구하시오. (단, $0<p<1$)

해결 포인트

$P(X=4)={}_4C_4p^4$임을 이용하여 p의 값을 구한다.

07-2 한 개의 주사위를 90번 던져서 3의 배수의 눈이 나오는 횟수를 확률변수 X라 할 때, $E(X^2)$을 구하시오.

해결 포인트

한 개의 주사위를 한 번 던져 3의 배수의 눈이 나올 확률이 $\frac{1}{3}$이므로 확률변수 X는 이항분포 $B\left(90,\ \frac{1}{3}\right)$을 따른다.

빈출 유형 마무리

01

확률변수 X가 갖는 값이 1, 2, 3, 4이고, $P(1\le X<4)=\frac{5}{6}$, $P(1<X\le 3)=\frac{1}{2}$일 때, $P(X^2-2X+1=0)$은?

① $\frac{1}{6}$　② $\frac{1}{3}$　③ $\frac{1}{2}$
④ $\frac{2}{3}$　⑤ $\frac{5}{6}$

02

확률변수 X의 확률분포를 표로 나타내면 다음과 같다.

X	-1	0	1	2	합계
$P(X=x)$	$\frac{2}{5}$	$20a^2$	$10a^2$	$3a$	1

$P(X^2-3X+2\le 0)=p$일 때, $5p$의 값을 구하시오.
(단, $a>0$)

03 중요

검은 공 3개, 흰 공 5개가 들어 있는 주머니에서 임의로 3개의 공을 동시에 꺼낼 때, 나오는 흰 공의 개수를 확률변수 X라 하자. $P(X\le 2)$를 구하시오.

04

확률변수 X의 확률질량함수가

$$P(X=x)=\begin{cases} k-\frac{1}{9}x & (x=1,\ 2) \\ \frac{k}{6}x & (x=3,\ 4,\ 5) \end{cases}$$

일 때, $E(X)$는? (단, k는 상수이다.)

① 3　② $\frac{28}{9}$　③ $\frac{29}{9}$
④ $\frac{10}{3}$　⑤ $\frac{31}{9}$

05 중요

1, 2, 2, 2, 3, 3의 숫자가 각각 하나씩 적혀 있는 6장의 카드가 들어 있는 상자에서 임의로 한 장의 카드를 꺼낼 때, 나오는 수를 확률변수 X라 하자. $V(X)$를 구하시오.

06

확률변수 X의 확률분포를 표로 나타내면 다음과 같을 때, $V(X)$의 최댓값은? (단, $ab\ne 0$)

X	0	1	2	4	합계
$P(X=x)$	a	$\frac{1}{3}$	$\frac{1}{3}$	b	1

① $\frac{1}{3}$　② $\frac{2}{3}$　③ 1
④ $\frac{4}{3}$　⑤ $\frac{5}{3}$

07

확률변수 X의 평균이 $\frac{2}{3}$, 분산이 $\frac{7}{18}$일 때, 확률변수 $6X^2$의 평균을 구하시오.

08

서로 다른 두 개의 주사위를 동시에 던질 때, 나오는 두 눈의 수의 차를 확률변수 X라 하자. $E(18X-5)$를 구하시오.

정답과 풀이 26쪽

09

수직선 위의 원점 O에서 출발하여 한 개의 주사위를 던져 홀수인 눈이 나오면 양의 방향으로 1만큼, 짝수인 눈이 나오면 음의 방향으로 1만큼 이동한다. 주사위를 4번 던졌을 때, 이동한 점과 원점 사이의 거리를 확률변수 X라 하자. 다음은 $\mathrm{E}(X)$를 구하는 과정이다.

(i) $X=0$인 경우
홀수인 눈과 짝수인 눈이 2번씩 나와야 하므로
$\mathrm{P}(X=0)=\left(\frac{1}{2}\right)^4\times$ (가)

(ii) $X=2$인 경우
홀수인 눈이 3번, 짝수인 눈이 1번 나오거나 홀수인 눈이 1번, 짝수인 눈이 3번 나와야 하므로
$\mathrm{P}(X=2)=\left(\frac{1}{2}\right)^4\times$ (나)

(iii) $X=4$인 경우
홀수인 눈 또는 짝수인 눈이 4번 연달아 나와야 하므로
$\mathrm{P}(X=4)=\left(\frac{1}{2}\right)^4\times 2=\frac{1}{8}$

따라서 $\mathrm{E}(X)=$ (다) 이다.

위의 (가), (나), (다)에 알맞은 수를 각각 a, b, c라 할 때, $(a+b)c$의 값은?

① 9 ② 12 ③ 15 ④ 18 ⑤ 21

10

이항분포 $\mathrm{B}(10, p)$를 따르는 확률변수 X의 분산이 최대가 되도록 하는 p의 값을 구하시오. (단, $0<p<1$)

11

이항분포 $\mathrm{B}(100, p)$를 따르는 확률변수 X에 대하여

$$4\mathrm{P}(X=48)=7\mathrm{P}(X=49)$$

일 때, $\mathrm{V}(2X+3)$을 구하시오. (단, $0<p<1$)

12

| 2018학년도 9월 평가원 가형 14번, 나형 28번 |

두 이산확률변수 X와 Y가 가지는 값이 각각 1부터 5까지의 자연수이고

$$\mathrm{P}(Y=k)=\frac{1}{2}\mathrm{P}(X=k)+\frac{1}{10}\ (k=1,\ 2,\ 3,\ 4,\ 5)$$

이다. $\mathrm{E}(X)=4$일 때, $\mathrm{E}(Y)$의 값은?

① $\frac{5}{2}$ ② $\frac{7}{2}$ ③ $\frac{9}{2}$ ④ $\frac{11}{2}$ ⑤ $\frac{13}{2}$

13

| 2018학년도 수능 나형 17번 |

확률변수 X의 확률분포를 표로 나타내면 다음과 같다.

X	0.121	0.221	0.321	합계
$\mathrm{P}(X=x)$	a	b	$\frac{2}{3}$	1

다음은 $\mathrm{E}(X)=0.271$일 때, $\mathrm{V}(X)$를 구하는 과정이다.

$Y=10X-2.21$이라 하자. 확률변수 Y의 확률분포를 표로 나타내면 다음과 같다.

Y	-1	0	1	합계
$\mathrm{P}(Y=y)$	a	b	$\frac{2}{3}$	1

$\mathrm{E}(Y)=10\mathrm{E}(X)-2.21=0.5$이므로
$a=$ (가), $b=$ (나)
이고 $\mathrm{V}(Y)=\frac{7}{12}$이다.
한편, $Y=10X-2.21$이므로 $\mathrm{V}(Y)=$ (다) $\times\mathrm{V}(X)$이다.
따라서 $\mathrm{V}(X)=\frac{1}{(다)}\times\frac{7}{12}$이다.

위의 (가), (나), (다)에 알맞은 수를 각각 p, q, r라 할 때, pqr의 값은? (단, a, b는 상수이다.)

① $\frac{13}{9}$ ② $\frac{16}{9}$ ③ $\frac{19}{9}$ ④ $\frac{22}{9}$ ⑤ $\frac{25}{9}$

02 연속확률분포

교과서 알짜개념 짚어보기

❶ 연속확률변수

(1) 연속확률변수

확률변수 X가 어떤 범위에 속하는 모든 실수의 값을 가질 때, X를 연속확률변수라 한다.

(2) 확률밀도함수

$\alpha \le X \le \beta$에서 모든 실수의 값을 가질 수 있는 연속확률변수 X에 대하여 $\alpha \le x \le \beta$에서 정의된 함수 $f(x)$가 다음 세 가지 성질을 만족시킬 때, 함수 $f(x)$를 확률변수 X의 확률밀도함수라 한다.

① $f(x) \ge 0$

② 함수 $y=f(x)$의 그래프와 x축 및 두 직선 $x=\alpha$, $x=\beta$로 둘러싸인 부분의 넓이는 1이다.

③ $P(a \le X \le b)$는 함수 $y=f(x)$의 그래프와 x축 및 두 직선 $x=a$, $x=b$로 둘러싸인 부분의 넓이와 같다. (단, $\alpha \le a \le b \le \beta$)

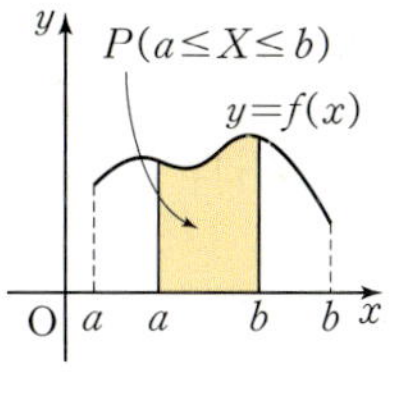

❷ 정규분포

(1) 정규분포

실수 전체의 집합에서 정의된 연속확률변수 X의 확률밀도함수 $f(x)$가 두 상수 m, σ $(\sigma>0)$ 및 무리수 $e=2.7182\cdots$에 대하여

$$f(x)=\frac{1}{\sqrt{2\pi}\sigma}e^{-\frac{(x-m)^2}{2\sigma^2}} \text{ (}x\text{는 모든 실수)}$$

일 때, X의 확률분포를 정규분포라 한다.

이때, 확률밀도함수 $f(x)$의 그래프는 오른쪽 그림과 같고, 이 곡선을 정규분포곡선이라 한다.

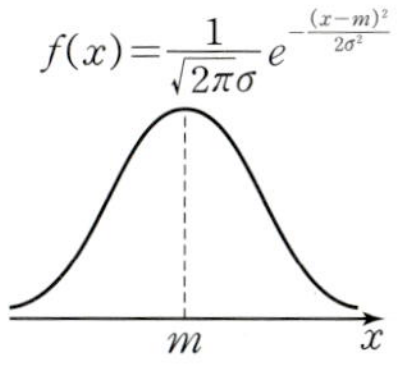

(2) 평균이 m, 분산이 σ^2인 정규분포를 기호로 $N(m, \sigma^2)$과 같이 나타내고, 확률변수 X는 정규분포 $N(m, \sigma^2)$을 따른다고 한다.

❸ 표준정규분포

(1) 표준정규분포

평균이 0, 분산이 1인 정규분포 $N(0, 1)$을 표준정규분포라 하고 확률변수 Z가 표준정규분포 $N(0, 1)$을 따를 때, Z의 확률밀도함수 $f(z)$는

$$f(z)=\frac{1}{\sqrt{2\pi}}e^{-\frac{z^2}{2}} \text{ (단, }z\text{는 모든 실수)}$$

(2) 정규분포의 표준화

확률변수가 X가 정규분포 $N(m, \sigma^2)$을 따를 때

① 확률변수 $Z=\frac{X-m}{\sigma}$은 표준정규분포 $N(0, 1)$을 따른다.

② $P(a \le X \le b)=P\left(\frac{a-m}{\sigma} \le Z \le \frac{b-m}{\sigma}\right)$

❹ 이항분포와 정규분포의 관계

확률변수 X가 이항분포 $B(n, p)$를 따를 때, n이 충분히 크면 X는 근사적으로 정규분포 $N(np, npq)$를 따른다. (단, $q=1-p$)

개념 Plus

• 연속확률변수 X가 특정한 값을 가질 확률은 0이므로
$P(a \le X \le b)=P(a \le X < b)$
$=P(a < X \le b)$
$=P(a < X < b)$

• 정규분포곡선의 성질

① 직선 $x=m$에 대하여 대칭인 종 모양의 곡선이다.

② 곡선과 x축 사이의 넓이는 1이다.

③ x축을 점근선으로 하며 $x=m$일 때 최댓값을 갖는다.

④ σ의 값이 일정할 때, m의 값이 달라지면 곡선의 모양은 변하지 않고 대칭축의 위치만 바뀐다.

⑤ m의 값이 일정할 때, σ의 값이 클수록 가운데 부분의 높이는 낮아지고 옆으로 퍼진 모양이 된다.

• $0<a<b$이고 확률변수 Z가 표준정규분포를 따를 때

① $P(Z \le 0)=P(Z \ge 0)=0.5$

② $P(Z \le a)$
$=0.5+P(0 \le Z \le a)$

③ $P(Z \ge a)$
$=0.5-P(0 \le Z \le a)$

④ $P(0 \le Z \le a)$
$=P(-a \le Z \le 0)$

⑤ $P(a \le Z \le b)$
$=P(0 \le Z \le b)$
$-P(0 \le Z \le a)$

• n이 충분히 크다는 것은 일반적으로 $np \ge 5$이고 $nq \ge 5$일 때를 뜻한다.

내신 & 수능 빈출 유형

유형 01 연속확률변수와 확률밀도함수

연속확률변수 X의 확률밀도함수가

$f(x)=3a(x-1)\,(2\le x\le 3)$

일 때, 상수 a의 값은? (단, $a>0$)

① $\frac{1}{9}$　② $\frac{2}{9}$　③ $\frac{1}{3}$　④ $\frac{4}{9}$　⑤ $\frac{5}{9}$

해결 포인트
확률밀도함수의 그래프와 x축 및 두 직선 $x=2$, $x=3$으로 둘러싸인 부분의 넓이가 1임을 이용하여 상수 a의 값을 구한다.

01-1 $0\le x\le k$에서 정의된 연속확률변수 X의 확률밀도함수 $y=f(x)$의 그래프가 오른쪽 그림과 같을 때, 상수 k의 값을 구하시오.

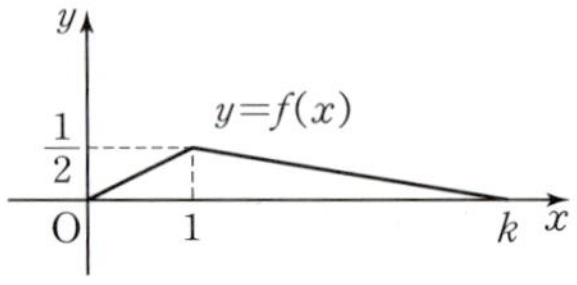

해결 포인트
확률밀도함수의 그래프와 x축으로 둘러싸인 부분의 넓이는 1임을 이용한다.

유형 02 확률밀도함수를 이용한 확률 구하기 (중요)

연속확률변수 X의 확률밀도함수가

$f(x)=1-ax\ (1\le x\le 3)$

일 때, $\mathrm{P}(2\le X\le 3)$은? (단, a는 상수이다.)

① $\frac{1}{8}$　② $\frac{1}{4}$　③ $\frac{3}{8}$　④ $\frac{1}{2}$　⑤ $\frac{5}{8}$

해결 포인트
확률밀도함수의 그래프와 x축 및 두 직선 $x=1$, $x=3$으로 둘러싸인 부분의 넓이는 1임을 이용하여 상수 a의 값을 구한다.

02-1 연속확률변수 X의 확률밀도함수가

$$f(x)=\begin{cases}\frac{x}{4} & (0\le x\le 2)\\ 1-\frac{x}{4} & (2<x\le 4)\end{cases}$$

일 때, $\mathrm{P}(1\le X\le 4)$는?

① $\frac{3}{8}$　② $\frac{1}{2}$　③ $\frac{5}{8}$　④ $\frac{3}{4}$　⑤ $\frac{7}{8}$

해결 포인트
$\mathrm{P}(1\le X\le 4)$
$=1-\mathrm{P}(0\le X\le 1)$
임을 이용한다.

02-2 $0\le x\le 3$에서 정의된 확률변수 X의 확률밀도함수 $y=f(x)$의 그래프가 오른쪽 그림과 같을 때, $\mathrm{P}(2\le X\le 3)$을 구하시오.
(단, k는 상수이다.)

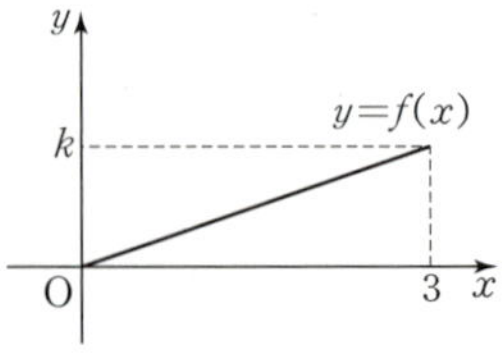

해결 포인트
확률밀도함수의 그래프와 x축 및 직선 $x=3$으로 둘러싸인 부분의 넓이가 1임을 이용하여 k의 값을 구하고, 함수 $y=f(x)$의 그래프는 두 점 $(0, 0)$, $(3, k)$를 지나는 직선임을 이용하여 함수 $y=f(x)$의 식을 구한다.

유형 03 정규분포곡선의 성질

확률변수 X가 정규분포 $\mathrm{N}(80,\ 3^2)$을 따를 때, $\mathrm{P}(77 \le X \le 83)$을 오른쪽 정규분포표를 이용하여 구한 것은? (단, m은 평균이고, σ는 표준편차이다.)

k	$\mathrm{P}(m \le X \le k)$
$m+0.5\sigma$	a
$m+\sigma$	b
$m+1.5\sigma$	c

① $2b$ ② $a+b$ ③ $c-a$ ④ $2a+b$ ⑤ $2c-b$

해결 포인트

정규분포곡선은 평균에 대하여 좌우대칭임을 이용한다.

03-1 정규분포 $\mathrm{N}(m,\ \sigma^2)$을 따르는 확률변수 X에 대하여

$$\mathrm{P}(X \le 2) = \mathrm{P}(X \ge 6)$$

일 때, $1-\mathrm{P}(X \ge 4)$를 구하시오.

유형 04 정규분포의 표준화 중요

두 확률변수 X, Y가 각각 정규분포 $\mathrm{N}(10,\ 2^2)$, $\mathrm{N}(6,\ 3^2)$을 따르고 $\mathrm{P}(8 \le X \le 14) = \mathrm{P}(3 \le Y \le k)$일 때, 상수 k의 값은?

① 6 ② 8 ③ 10 ④ 12 ⑤ 14

해결 포인트

두 확률변수 X, Y가 각각 정규분포 $\mathrm{N}(10,\ 2^2)$, $\mathrm{N}(6,\ 3^2)$을 따르므로 확률변수 $Z_X = \frac{X-10}{2}$, $Z_Y = \frac{Y-6}{3}$은 표준정규분포 $\mathrm{N}(0,\ 1)$을 따른다.

04-1 확률변수 X가 정규분포 $\mathrm{N}(15,\ 5^2)$을 따를 때, $\mathrm{P}(X \le k) = 0.16$이 되도록 하는 상수 k의 값은? (단, $\mathrm{P}(0 \le Z \le 1) = 0.34$)

① 10 ② 11 ③ 12 ④ 13 ⑤ 14

해결 포인트

확률변수 X가 정규분포 $\mathrm{N}(15,\ 5^2)$을 따르므로 $Z = \frac{X-15}{5}$로 놓으면 Z는 표준정규분포 $\mathrm{N}(0,\ 1)$을 따른다.

04-2 확률변수 X가 정규분포 $\mathrm{N}(1,\ 1)$을 따를 때,

$$a = \mathrm{P}(-3 \le X \le -1),\ b = \mathrm{P}(-1 \le X \le 1),\ c = \mathrm{P}(3 \le X \le 5)$$

라 하자. 세 수 a, b, c의 대소 관계를 바르게 나타낸 것은?

① $a<b<c$ ② $a=b<c$ ③ $a<b=c$
④ $a<c<b$ ⑤ $a=c<b$

해결 포인트

확률변수 X가 정규분포 $\mathrm{N}(1,\ 1)$을 따르므로 $Z = \frac{X-1}{1}$로 놓으면 Z는 표준정규분포 $\mathrm{N}(0,\ 1)$을 따른다.

유형 05 정규분포의 활용 - 확률 구하기 중요

어느 고등학교 2학년 남학생의 키는 평균이 172 cm, 표준편차가 4 cm인 정규분포를 따른다고 한다. 이 고등학교 2학년 남학생 중 한 명을 선택했을 때, 키가 180 cm 이상일 확률을 구하시오. (단, $P(0\le Z\le 2)=0.4772$)

해결 포인트
남학생의 키를 확률변수 X라 하면 X는 정규분포 $N(172,\ 4^2)$을 따르므로 $Z=\frac{X-172}{4}$로 놓으면 Z는 표준정규분포 $N(0,\ 1)$을 따른다.

05-1 확률변수 X가 정규분포 $N(10,\ 2^2)$을 따를 때, $P(8\le X\le a)=0.5328$을 만족시키는 상수 a의 값을 오른쪽 표준정규분포표를 이용하여 구한 것은?

z	$P(0\le Z\le z)$
0.5	0.1915
1.0	0.3413
1.5	0.4332

① 10 ② 11 ③ 12 ④ 13 ⑤ 14

유형 06 정규분포의 활용 - 최저 점수 구하기

40명을 뽑는 어느 회사의 입사 시험에 1000명이 응시하였다. 응시자의 점수는 평균이 50점, 표준편차가 8점인 정규분포를 따른다고 할 때, 오른쪽 표준정규분포표를 이용하여 합격자의 최저 점수를 구하시오.

z	$P(0\le Z\le z)$
1.75	0.460
1.96	0.475
2.58	0.495

해결 포인트
응시자의 점수를 확률변수 X라 하면 X는 정규분포 $N(50,\ 8^2)$을 따르므로 $Z=\frac{X-50}{8}$으로 놓으면 Z는 표준정규분포 $N(0,\ 1)$을 따른다.

06-1 어느 고등학교 2학년 학생의 수학 성적은 평균이 78점, 표준편차가 8점인 정규분포를 따른다고 한다. 상위 7 %까지 우등상이 주어진다고 할 때, 우등상을 받기 위한 최저 점수를 오른쪽 표준정규분포표를 이용하여 구한 것은?

z	$P(0\le Z\le z)$
1.50	0.43
1.75	0.46
2.00	0.48

① 86점 ② 88점 ③ 90점 ④ 92점 ⑤ 94점

해결 포인트
수학 점수를 확률변수 X라 하면 X는 정규분포 $N(78,\ 8^2)$을 따르므로 $Z=\frac{X-78}{8}$로 놓으면 Z는 표준정규분포 $N(0,\ 1)$을 따른다.

정답과 풀이 28쪽

유형 07 이항분포와 정규분포의 관계

확률변수 X가 이항분포 $\mathrm{B}\left(100,\ \frac{1}{5}\right)$을 따를 때, $\mathrm{P}(X \geq 26)$을 오른쪽 표준정규분포표를 이용하여 구한 것은?

z	$\mathrm{P}(0 \leq Z \leq z)$
0.5	0.1915
1.0	0.3413
1.5	0.4332

① 0.0668 ② 0.1522 ③ 0.2641
④ 0.3174 ⑤ 0.4912

해결 포인트
확률변수 X가 이항분포 $\mathrm{B}(n,\ p)$를 따를 때, $\mathrm{E}(X)=np$, $\mathrm{V}(X)=np(1-p)$임을 이용한다.

07-1 오른쪽 표준정규분포표를 이용하여

$$ {}_{400}\mathrm{C}_{360}\left(\frac{9}{10}\right)^{360}\left(\frac{1}{10}\right)^{40}+{}_{400}\mathrm{C}_{361}\left(\frac{9}{10}\right)^{361}\left(\frac{1}{10}\right)^{39} +\cdots+{}_{400}\mathrm{C}_{366}\left(\frac{9}{10}\right)^{366}\left(\frac{1}{10}\right)^{34} $$

의 값을 구한 것은?

z	$\mathrm{P}(0 \leq Z \leq z)$
0.5	0.1915
1.0	0.3413
1.5	0.4332

① 0.1915 ② 0.3413 ③ 0.6826 ④ 0.8664 ⑤ 0.9544

해결 포인트
주어진 식은 이항분포 $\mathrm{B}\left(400,\ \frac{9}{10}\right)$를 따르는 확률변수 X에 대하여 $360 \leq X \leq 366$일 때의 확률임을 이용한다.

유형 08 이항분포와 정규분포의 관계의 활용 (중요)

어느 축구 선수가 패널티킥을 4번 중 1번 꼴로 성공한다고 할 때, 이 선수가 패널티킥을 48번 시도하여 성공한 횟수를 확률변수 X라 하자. $\mathrm{P}(X \geq 15)$는? (단, $\mathrm{P}(0 \leq Z \leq 1)=0.3413$)

① 0.1248 ② 0.1359 ③ 0.1587 ④ 0.1684 ⑤ 0.1839

해결 포인트
패널티킥의 성공 횟수 X는 이항분포 $\mathrm{B}\left(48,\ \frac{1}{4}\right)$을 따른다.

08-1 두 개의 주사위를 동시에 던져 두 주사위의 눈의 수의 곱이 홀수이면 1점을 얻고 짝수이면 점수를 얻지 못한다. 두 개의 주사위를 동시에 던지는 시행을 192번 반복할 때 얻은 점수의 총합이 57점 이상일 확률을 오른쪽 표준정규분포표를 이용하여 구하시오.

z	$\mathrm{P}(0 \leq Z \leq z)$
0.5	0.1915
1.0	0.3413
1.5	0.4332
2.0	0.4772

해결 포인트
1점을 얻는 횟수를 확률변수 X라 하면 X는 이항분포 $\mathrm{B}\left(192,\ \frac{1}{4}\right)$을 따른다.

08-2 어떤 학생이 5지선다형의 문제 100개로 이루어진 시험에서 임의로 모든 문제에 답을 적을 때, 이 학생이 맞힌 문제의 개수가 a 이상일 확률이 0.02라 한다. 상수 a의 값을 오른쪽 표준정규분포표를 이용하여 구하시오.

z	$\mathrm{P}(0 \leq Z \leq z)$
1.0	0.34
1.5	0.43
2.0	0.48

해결 포인트
학생이 맞힌 문제의 개수를 확률변수 X라 하면 X는 이항분포 $\mathrm{B}\left(100,\ \frac{1}{5}\right)$을 따른다.

빈출 유형 마무리

01

연속확률변수 X의 확률밀도함수가

$$f(x)=\begin{cases} x & (0\le x\le 1) \\ -x+2 & (1<x\le 2) \end{cases}$$

일 때, $P\left(k\le X\le k+\frac{1}{3}\right)$이 최대가 되도록 하는 상수 k의 값을 구하시오.

02

확률변수 X가 정규분포 $N(m, \sigma^2)$을 따를 때, 함수

$$f(k)=P(X\le m+k\sigma)$$

라 하자. |보기|에서 옳은 것만을 있는 대로 고른 것은?

(단, k는 실수이고 $\sigma>0$이다.)

| 보기 |

ㄱ. $f(0)=0.5$

ㄴ. $k_1<k_2$이면 $f(k_1)<f(k_2)$

ㄷ. 임의의 실수 k에 대하여 $f(k)+f(-k)=1$

① ㄱ ② ㄷ ③ ㄱ, ㄴ

④ ㄴ, ㄷ ⑤ ㄱ, ㄴ, ㄷ

03

어느 회사에서는 두 종류의 막대 모양 과자 A, B를 생산하고 있다. 과자 A의 길이는 평균이 m, 표준편차가 σ_1인 정규분포를 따르고, 과자 B의 길이는 평균이 $m+25$, 표준편차가 σ_2인 정규분포를 따른다고 한다. 과자 A의 길이가 $m+20$ 이상일 확률과 과자 B의 길이가 $m+20$ 이하일 확률이 같을 때, $\frac{\sigma_1}{\sigma_2}$의 값을 구하시오.

04

확률변수 X가 정규분포 $N(m, \sigma^2)$을 따르고 $V(3X)=27$, $P(X\le 12)=P(X\ge 6)$일 때, $m+\sigma^2$의 값은?

① 6 ② 9 ③ 12

④ 15 ⑤ 18

05

확률변수 X가 정규분포 $N\left(m, \frac{m^2}{25}\right)$을 따를 때, 표준정규분포 $N(0, 1)$을 따르는 확률변수 Z에 대하여

$$P(6\le X\le m+2)=P(-1\le Z\le 2)$$

가 성립한다. 양수 m의 값을 구하시오.

06

두 확률변수 X, Y가 각각 정규분포 $N(5, 1)$, $N(7, 2^2)$을 따를 때,

$a=P(4\le X\le 7)$, $b=P(1\le Y\le 7)$,

$c=P(3\le Y\le 9)$

라 하자. 세 수 a, b, c의 대소 관계를 바르게 나타낸 것은?

① $a<b=c$ ② $a=b=c$ ③ $a=c<b$

④ $b<a=c$ ⑤ $b=c<a$

07

어느 고등학교 2학년 학생 100명의 시력을 측정하였더니 평균이 1.0, 표준편차가 0.2이었다. 학생들의 시력이 정규분포를 따른다고 할 때, 시력이 0.8 이상 1.2 이하인 학생 수를 위의 표준정규분포표를 이용하여 구하시오.

z	$P(0\le Z\le z)$
0.5	0.19
1.0	0.34
1.5	0.43

08 중요

어느 회사에서 생산되는 통조림의 무게는 평균이 310 g, 표준편차가 5 g인 정규분포를 따르고, 무게가 300 g 이하인 통조림은 불량품으로 판정한다고 한다. 이 회사에서 통조림 5000개를 검사할 때, 불량품으로 판정되는 통조림의 개수를 위의 표준정규분포표를 이용하여 구하시오.

z	$P(0\le Z\le z)$
1.0	0.34
1.5	0.43
2.0	0.48

09

정규분포 $N(m, \sigma^2)$을 따르는 확률변수 X의 확률밀도함수 $f(x)$가 모든 실수 x에 대하여 $f(50-x)=f(50+x)$를 만족시킨다. $P(m \le X \le m+10)=0.4772$일 때, 위의 표준정규분포표를 이용하여 $P(45 \le X \le 55)$를 구한 것은?

z	$P(0 \le Z \le z)$
1.0	0.3413
1.5	0.4332
2.0	0.4772

① 0.0919　② 0.4772　③ 0.6826
④ 0.8185　⑤ 0.9759

10 중요

한 개의 동전을 100번 던져서 앞면이 40번 이상 55번 이하로 나올 확률을 오른쪽 표준정규분포표를 이용하여 구한 것은?

z	$P(0 \le Z \le z)$
1.0	0.3413
1.5	0.4332
2.0	0.4772

① 0.6085　② 0.6826　③ 0.7745
④ 0.8185　⑤ 0.8830

11

한 개의 주사위를 72번 던질 때, 6의 약수의 눈이 나오는 횟수를 확률변수 X라 하자. 확률변수 $Y=20-X$라 할 때, |보기|에서 옳은 것만을 있는 대로 고른 것은?

| 보기 |
ㄱ. $P(24 \le X \le 27)=P(4 \le Y \le 7)$
ㄴ. X의 평균과 Y의 평균의 절댓값은 같다.
ㄷ. X의 분산과 Y의 분산은 같다.

① ㄱ　② ㄷ　③ ㄱ, ㄴ
④ ㄴ, ㄷ　⑤ ㄱ, ㄴ, ㄷ

12

원점을 출발한 점 P가 수직선 위를 다음과 같은 방법으로 움직인다.

> 한 개의 주사위를 던져서 4의 약수의 눈이 나오면 양의 방향으로 2만큼 움직이고, 그 이외의 수의 눈이 나오면 음의 방향으로 1만큼 움직인다.

주사위를 144번 던지는 시행에서 점 P의 좌표가 99 이상일 확률을 오른쪽 표준정규분포표를 이용하여 구한 것은?

z	$P(0 \le Z \le z)$
1.0	0.34
1.5	0.43
2.0	0.48

① 0.07　② 0.16　③ 0.17
④ 0.19　⑤ 0.34

13

| 2018학년도 9월 평가원 가형 12번, 나형 14번 |

확률변수 X는 평균이 m, 표준편차가 σ인 정규분포를 따르고 다음 등식을 만족시킨다.

$$P(m \le X \le m+12) - P(X \le m-12) = 0.3664$$

오른쪽 표준정규분포표를 이용하여 σ의 값을 구한 것은?

z	$P(0 \le Z \le z)$
0.5	0.1915
1.0	0.3413
1.5	0.4332
2.0	0.4772

① 4　② 6　③ 8
④ 10　⑤ 12

14

| 2018학년도 수능 가형 26번 |

확률변수 X가 평균이 m, 표준편차가 σ인 정규분포를 따르고 $P(X \le 3)=P(3 \le X \le 80)=0.3$일 때, $m+\sigma$의 값을 구하시오. (단, Z가 표준정규분포를 따르는 확률변수일 때, $P(0 \le Z \le 0.25)=0.1$, $P(0 \le Z \le 0.52)=0.2$로 계산한다.)

03 통계적 추정

교과서 알짜개념 짚어보기

❶ 모집단과 표본

(1) 전수조사 : 조사의 대상이 되는 집단 전체를 조사하는 것
(2) 표본조사 : 조사의 대상이 되는 집단 전체에서 일부만을 뽑아서 조사하는 것
(3) 모집단 : 조사의 대상이 되는 집단 전체
(4) 표본 : 조사하기 위하여 뽑은 모집단의 일부
(5) 임의추출 : 모집단에 속하는 각 대상이 같은 확률로 추출되도록 하는 방법

개념 Plus
- 복원 추출 : 한 번 추출된 자료를 되돌려 놓은 후 다시 추출하는 것
- 비복원 추출 : 추출된 자료를 되돌려 놓지 않고 다시 추출하는 것
- 특별한 언급이 없으면 임의 추출은 복원 추출로 생각한다.

❷ 모평균과 표본평균

(1) 모평균과 표본평균
① 모집단의 확률변수 X의 평균, 분산, 표준편차를 각각 모평균, 모분산, 모표준편차라 하고, 각각 기호로 m, σ^2, σ와 같이 나타낸다.
② 모집단에서 크기가 n인 표본 X_1, X_2, $\cdots$, X_n을 임의추출하였을 때, 이 표본의 평균, 분산, 표준편차를 각각 표본평균, 표본분산, 표본표준편차라 하고, 각각 기호로 $\overline{X}$, S^2, S와 같이 나타낸다.

(2) 표본평균의 평균, 분산, 표준편차
모평균이 m이고 모표준편차가 σ인 모집단에서 임의추출한 크기가 n인 표본의 표본평균 $\overline{X}$에 대하여

$$\mathrm{E}(\overline{X})=m,\ \mathrm{V}(\overline{X})=\frac{\sigma^2}{n},\ \sigma(\overline{X})=\frac{\sigma}{\sqrt{n}}$$

(3) 표본평균의 분포
정규분포 $\mathrm{N}(m,\ \sigma^2)$을 따르는 모집단에서 크기가 n인 표본을 임의추출할 때, 표본평균 $\overline{X}$는 정규분포 $\mathrm{N}\left(m,\ \frac{\sigma^2}{n}\right)$을 따른다.

- $\overline{X}=\frac{X_1+X_2+\cdots+X_n}{n}$
- 모집단이 정규분포를 따르지 않더라도 표본의 크기 n이 충분히 크면($n\ge30$) 표본평균 $\overline{X}$는 근사적으로 정규분포 $\mathrm{N}\left(m,\ \frac{\sigma^2}{n}\right)$을 따른다.

❸ 모평균의 추정

(1) 모평균의 신뢰구간
정규분포 $\mathrm{N}(m,\ \sigma^2)$을 따르는 모집단에서 크기가 n인 표본을 임의추출하여 구한 표본평균 $\overline{X}$의 값이 $\overline{x}$일 때, 모평균 m의 신뢰구간은 다음과 같다.
① 신뢰도 95 %의 신뢰구간 : $\overline{x}-1.96\frac{\sigma}{\sqrt{n}}\le m\le\overline{x}+1.96\frac{\sigma}{\sqrt{n}}$
② 신뢰도 99 %의 신뢰구간 : $\overline{x}-2.58\frac{\sigma}{\sqrt{n}}\le m\le\overline{x}+2.58\frac{\sigma}{\sqrt{n}}$

(2) 신뢰구간의 길이
정규분포 $\mathrm{N}(m,\ \sigma^2)$을 따르는 모집단에서 크기가 n인 표본을 임의추출할 때, 모평균 m의 신뢰구간의 길이는 다음과 같다.
① 신뢰도 95 %일 때 : $2\times1.96\times\frac{\sigma}{\sqrt{n}}$
② 신뢰도 99 %일 때 : $2\times2.58\times\frac{\sigma}{\sqrt{n}}$

- 모표준편차를 알 수 없을 때, 표본의 크기 n이 충분히 크면 모표준편차 대신에 표본표준편차의 값을 이용하여 신뢰구간을 구할 수 있다.
- 표본의 크기가 일정할 때 신뢰도가 높아지면 신뢰구간은 길어지고, 신뢰도가 일정할 때 표본의 크기가 커지면 신뢰구간은 짧아진다.

내신 & 수능 빈출 유형

정답과 풀이 33쪽

유형 01 표본평균의 평균, 분산, 표준편차

모집단의 확률변수 X의 확률분포를 표로 나타내면 오른쪽과 같다. 이 모집단에서 크기가 9인 표본을 임의추출할 때, 표본평균 $\overline{X}$의 평균은?

X	-2	-1	1	2	합계
$P(X=x)$	$\frac{1}{8}$	a	$\frac{1}{8}$	$\frac{3}{8}$	1

① $\frac{1}{4}$ ② $\frac{1}{2}$ ③ $\frac{3}{4}$ ④ 1 ⑤ $\frac{5}{4}$

해결 포인트

확률의 총합은 1임을 이용하여 상수 a의 값을 구한 다음, 모집단의 평균을 구한다.

01-1 모평균이 24, 모분산이 4인 모집단에서 크기가 144인 표본을 임의추출할 때, 표본평균 $\overline{X}$에 대하여 $\frac{E(\overline{X})}{\sigma(\overline{X})}$는?

① 8 ② 24 ③ 72 ④ 144 ⑤ 432

해결 포인트

(표본평균의 평균)=(모평균),

(표본평균의 분산)=$\frac{(\text{모분산})}{(\text{표본의 크기})}$

임을 이용한다.

01-2 1, 2, 2, 3, 3, 3의 숫자가 각각 하나씩 적혀 있는 6개의 공이 들어 있는 상자에서 크기가 n인 표본을 복원추출할 때, 공에 적혀 있는 숫자의 평균을 $\overline{X}$라 하자. $V(\overline{X})=\frac{5}{36}$일 때, n의 값을 구하시오.

해결 포인트

$V(\overline{X})=\frac{\sigma^2}{n}$임을 이용한다.

유형 02 표본평균의 확률 (중요)

어느 회사에서 생산되는 음료수의 용량은 평균이 360 mL, 표준편차가 20 mL인 정규분포를 따른다고 한다. 이 회사에서 생산되는 음료수 중에서 임의추출한 100개의 용량의 평균이 358 mL 이상 364 mL 이하일 확률을 오른쪽 표준정규분포표를 이용하여 구한 것은?

z	$P(0\le Z\le z)$
1.0	0.3413
1.5	0.4332
2.0	0.4772

① 0.5328 ② 0.7745 ③ 0.8185 ④ 0.8664 ⑤ 0.9104

해결 포인트

음료수의 용량을 확률변수 X라 하면 X는 정규분포 $N(360, 20^2)$을 따르고, 표본의 크기가 100이므로 표본평균 $\overline{X}$는 정규분포 $N\left(360, \frac{20^2}{100}\right)$을 따른다.

02-1 어느 과수원에서 판매하는 사과 한 개의 무게는 평균이 300 g, 표준편차가 20 g인 정규분포를 따르고, 임의추출한 사과 25개를 한 상자로 포장하여 판매한다. 이 과수원에서 사과 한 상자를 구입하였을 때, 그 무게가 9 kg 이상일 확률을 오른쪽 표준정규분포표를 이용하여 구한 것은?

(단, 빈 상자의 무게는 1.25 kg이다.)

z	$P(0\le Z\le z)$
1.0	0.3413
1.5	0.4332
2.0	0.4772
2.5	0.4938

① 0.0062 ② 0.0228 ③ 0.0668 ④ 0.1587 ⑤ 0.3413

정답과 풀이 34쪽

유형 03 모평균의 추정

어느 고등학교 남학생의 키는 표준편차가 2 cm인 정규분포를 따른다고 한다. 이 고등학교에서 남학생 400명을 임의추출하여 키를 측정하였더니 평균이 172.5 cm이었을 때, 고등학교 전체 남학생의 평균 키 m cm의 신뢰도 99 %의 신뢰구간을 구하시오. (단, $\mathrm{P}(|Z|\le 2.58)=0.99$)

해결 포인트
표본평균이 172.5, 모표준편차가 2, 표본의 크기가 400임을 이용하여 모평균 m의 신뢰도 99 %의 신뢰구간을 구한다.

03-1 모분산이 25인 정규분포를 따르는 모집단에서 임의로 추출한 크기가 100인 표본의 표본평균이 53.51일 때, 모평균 m의 신뢰도 95 %의 신뢰구간은? (단, $\mathrm{P}(|Z|\le 1.96)=0.95$)

① $50.53\le m\le 56.49$ ② $51.45\le m\le 55.57$ ③ $52.53\le m\le 54.49$
④ $52.83\le m\le 54.19$ ⑤ $53.34\le m\le 53.68$

03-2 B 회사에서 생산된 제품의 무게는 정규분포를 따른다고 한다. 이 제품 400개를 임의추출하여 무게를 조사하였더니 평균이 415 g, 표준편차가 15 g이었다. 이 제품의 평균 무게 m의 신뢰도 95 %의 신뢰구간에 속하는 자연수의 개수는? (단, $\mathrm{P}(0\le Z\le 1.96)=0.475$)

① 1 ② 2 ③ 3 ④ 4 ⑤ 5

해결 포인트
표본의 크기 n이 충분히 크면 모표준편차 대신 표본표준편차를 사용할 수 있다.

유형 04 표본의 크기와 신뢰구간의 길이 중요

분산이 4인 정규분포를 따르는 모집단에서 크기가 n인 표본을 임의추출하여 신뢰도 99 %로 모평균을 추정할 때, 신뢰구간의 길이가 2 이하가 되도록 하는 n의 최솟값을 구하시오.

(단, $\mathrm{P}(|Z|\le 3)=0.99$)

해결 포인트
표준정규분포 $\mathrm{N}(0,\ 1)$을 따르는 확률변수 Z에 대하여 $\mathrm{P}(|Z|\le k)=\frac{\alpha}{100}$라 하면 신뢰도 α %로 추정한 신뢰구간의 길이는 $2k\times\frac{\sigma}{\sqrt{n}}$임을 이용한다.

04-1 정규분포를 따르는 모집단에서 표본평균을 이용하여 신뢰도 α %로 모평균을 추정하려고 한다. 표본의 크기가 10일 때, 신뢰구간의 길이가 0.3이었다. n개의 표본을 임의추출하여 모평균을 추정할 때, 신뢰구간의 길이가 0.1이 되도록 하는 n의 값을 구하시오.

빈출 유형 마무리

01

모집단의 확률변수 X의 확률분포가 다음 표와 같다. 이 모집단에서 크기가 16인 표본을 임의추출하여 구한 표본평균을 $\overline{X}$라 할 때, $V(6\overline{X}-2)$를 구하시오.

X	2	4	6	합계
$P(X=x)$	a	$\frac{1}{3}$	$3a$	1

02

1, 2, 3이 각각 하나씩 적혀 있는 3개의 공이 들어 있는 주머니에서 2개의 공을 복원추출할 때, 공에 적혀 있는 숫자의 표본평균 $\overline{X}$의 평균을 a, 분산을 b라 하자. $\frac{a}{b}$의 값을 구하시오.

03 중요

어느 공장에서 생산되는 제품의 무게는 평균이 120 g, 표준편차가 5 g인 정규분포를 따른다고 한다. 이 공장에서 생산되는 제품 중에서 임의추출한 1개의 무게가 125 g 이상일 확률을 p_1, 임의추출한 16개의 무게의 평균이 122 g 이상일 확률을 p_2라 할 때, p_1+p_2의 값을 위의 표준정규분포표를 이용하여 구한 것은?

z	$P(0\le Z\le z)$
1.0	0.3413
1.3	0.4032
1.6	0.4452

① 0.0715 ② 0.0854 ③ 0.0948
④ 0.1039 ⑤ 0.2135

04

어느 도시의 가구당 월 소득은 평균이 300만 원, 표준편차가 10만 원인 정규분포를 따른다고 한다. 이 도시에서 임의추출한 100가구의 가구당 월 소득의 평균과 이 도시의 가구당 월 소득의 평균의 차가 2만 원 이상일 확률은?

(단, $P(0\le Z\le 2)=0.4772$)

① 0.0456 ② 0.0818 ③ 0.1965
④ 0.2718 ⑤ 0.3413

05

어느 공장에서 만드는 상품 한 개의 무게를 확률변수 X라 하면 X는 평균이 550 g, 표준편차가 12 g인 정규분포를 따른다고 한다. 임의추출한 상품 n개의 무게의 표본평균을 $\overline{X}$라 할 때, $\overline{X}$가 544 g 이하일 확률이 0.0668이다. 위의 표준정규분포표를 이용하여 n의 값을 구하시오.

z	$P(0\le Z\le z)$
1.0	0.3413
1.5	0.4332
2.0	0.4772

06

어느 동호회 회원의 나이는 평균이 m세, 표준편차가 2.4세인 정규분포를 따른다고 한다. 이 동호회 회원 중에서 임의추출한 36명의 나이의 합을 구하였더니 1368세였다. 이 동호회 전체 회원의 나이의 평균 m의 신뢰도 95 %의 신뢰구간은?

(단, $P(0\le Z\le 1.96)=0.475$)

① $37.165\le m\le 38.835$ ② $37.216\le m\le 38.784$
③ $37.224\le m\le 38.776$ ④ $37.242\le m\le 38.758$
⑤ $37.256\le m\le 38.744$

07 중요

어느 나라 국민의 1인당 연간 독서량은 표준편차가 5권인 정규분포를 따른다고 한다. 이 나라 국민 중에서 n명을 임의추출하여 조사했더니 1인당 연간 독서량의 평균이 13.2권이었다. 이 나라 국민 전체의 1인당 연간 독서량의 평균 m을 신뢰도 99 %로 추정한 신뢰구간이 $12.34\le m\le 14.06$일 때, n의 값을 구하시오. (단, $P(0\le Z\le 2.58)=0.495$)

08

정규분포를 따르는 모집단에서 임의추출한 크기가 n인 표본의 표본평균으로 모평균 m을 추정할 때, 신뢰도 95 %의 신뢰구간의 길이가 모표준편차의 $\frac{1}{5}$ 이하가 되도록 하는 n의 최솟값을 구하시오. (단, $P(0\le Z\le 1.96)=0.475$)

09

정규분포를 따르는 모집단에서 크기가 n인 표본을 임의추출하여 모평균을 추정할 때, 모평균의 신뢰도 α %의 신뢰구간의 길이를 l이라 하자. |보기|에서 옳은 것만을 있는 대로 고른 것은?

보기

ㄱ. 표본의 크기가 n일 때, 신뢰도가 α %보다 높아지면 신뢰구간의 길이는 l보다 커진다.

ㄴ. 신뢰도가 α %일 때, 표본의 크기가 $2n$이면 신뢰구간의 길이는 $\frac{1}{\sqrt{2}}l$이다.

ㄷ. 신뢰도를 α %보다 낮추면서 표본의 크기를 n보다 작게 하면 신뢰구간의 길이 l은 커진다.

① ㄱ ② ㄷ ③ ㄱ, ㄴ
④ ㄴ, ㄷ ⑤ ㄱ, ㄴ, ㄷ

10

어느 커피 전문점의 아메리카노 한 잔의 양은 표준편차가 4 ml인 정규분포를 따른다고 한다. 이 커피 전문점에서 각각 크기가 n_1, n_2인 표본을 임의추출하여 아메리카노 한 잔의 양을 조사한 후, 평균 양 m의 신뢰도 α %의 신뢰구간을 각각 구하였더니 신뢰구간의 길이의 비가 1 : 3이었다. 이때 $\frac{n_1}{n_2}$의 값은?

① $\frac{1}{9}$ ② $\frac{1}{3}$ ③ 1
④ 3 ⑤ 9

11

정규분포 $N(m,\ 3^2)$을 따르는 모집단에서 크기가 81인 표본을 임의추출하여 신뢰도 x %로 추정한 신뢰구간의 길이를 $f(x)$라 하자. 상수 x_1, x_2에 대하여

$f(x_1)=\frac{2}{3}$, $f(x_2)=2$일 때,

오른쪽 표준정규분포표를 이용하여 x_1+x_2의 값을 구하시오.

z	$P(0\le Z\le z)$
1.0	0.3413
1.5	0.4332
2.0	0.4772
2.5	0.4938
3.0	0.4987

12

| 2018학년도 수능 가형 10번, 나형 15번 |

어느 공장에서 생산하는 화장품 1개의 내용량은 평균이 201.5 g이고 표준편차가 1.8 g인 정규분포를 따른다고 한다. 이 공장에서 생산한 화장품 중 임의추출한 9개의 화장품 내용량의 표본평균이 200 g 이상일 확률을 오른쪽 표준정규분포표를 이용하여 구한 것은?

z	$P(0\le Z\le z)$
1.0	0.3413
1.5	0.4332
2.0	0.4772
2.5	0.4938

① 0.7745 ② 0.8413 ③ 0.9332
④ 0.9772 ⑤ 0.9938

13

| 2017학년도 수능 나형 16번 |

어느 농가에서 생산하는 석류의 무게는 평균이 m, 표준편차가 40인 정규분포를 따른다고 한다. 이 농가에서 생산하는 석류 중에서 임의추출한, 크기가 64인 표본을 조사하였더니 석류 무게의 표본평균의 값이 $\overline{x}$이었다. 이 결과를 이용하여, 이 농가에서 생산하는 석류 무게의 평균 m에 대한 신뢰도 99 %의 신뢰구간을 구하면 $\overline{x}-c\le m\le \overline{x}+c$이다. c의 값은? (단, 무게의 단위는 g이고, Z가 표준정규분포를 따르는 확률변수일 때 $P(0\le Z\le 2.58)=0.495$로 계산한다.)

① 25.8 ② 21.5 ③ 17.2
④ 12.9 ⑤ 8.6

14

| 2017학년도 수능 가형 13번 |

정규분포 $N(0,\ 4^2)$을 따르는 모집단에서 크기가 9인 표본을 임의추출하여 구한 표본평균을 $\overline{X}$, 정규분포 $N(3,\ 2^2)$을 따르는 모집단에서 크기가 16인 표본을 임의추출하여 구한 표본평균을 $\overline{Y}$라 하자. $P(\overline{X}\ge 1)=P(\overline{Y}\le a)$를 만족시키는 상수 a의 값은?

① $\frac{19}{8}$ ② $\frac{5}{2}$ ③ $\frac{21}{8}$
④ $\frac{11}{4}$ ⑤ $\frac{23}{8}$

표·준·정·규·분·포·표

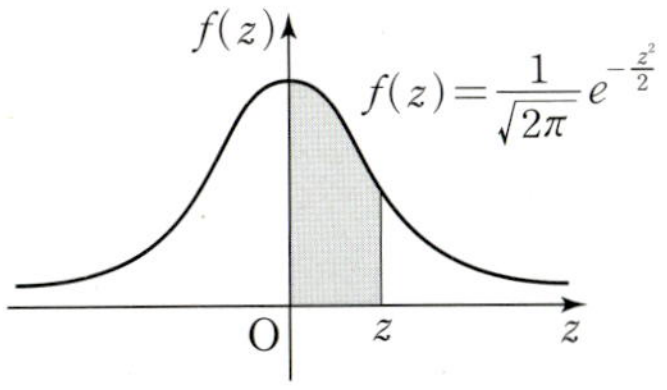

$\mathrm{P}(0\leq Z\leq z)$는 오른쪽 그림에서 어두운 부분의 넓이이다.

z	0.00	0.01	0.02	0.03	0.04	0.05	0.06	0.07	0.08	0.09
0.0	.0000	.0040	.0080	.0120	.0160	.0199	.0239	.0279	.0319	.0359
0.1	.0398	.0438	.0478	.0517	.0557	.0596	.0636	.0675	.0714	.0753
0.2	.0793	.0832	.0871	.0910	.0948	.0987	.1026	.1064	.1103	.1141
0.3	.1179	.1217	.1255	.1293	.1331	.1368	.1406	.1443	.1480	.1517
0.4	.1554	.1591	.1628	.1664	.1700	.1736	.1772	.1808	.1844	.1879
0.5	.1915	.1950	.1985	.2019	.2054	.2088	.2123	.2157	.2190	.2224
0.6	.2257	.2291	.2324	.2357	.2389	.2422	.2454	.2486	.2517	.2549
0.7	.2580	.2611	.2642	.2673	.2704	.2734	.2764	.2794	.2823	.2852
0.8	.2881	.2910	.2939	.2967	.2995	.3023	.3051	.3078	.3106	.3133
0.9	.3159	.3186	.3212	.3238	.3264	.3289	.3315	.3340	.3365	.3389
1.0	.3413	.3438	.3461	.3485	.3508	.3531	.3554	.3577	.3599	.3621
1.1	.3643	.3665	.3686	.3708	.3729	.3749	.3770	.3790	.3810	.3830
1.2	.3849	.3869	.3888	.3907	.3925	.3944	.3962	.3980	.3997	.4015
1.3	.4032	.4049	.4066	.4082	.4099	.4115	.4131	.4147	.4162	.4177
1.4	.4192	.4207	.4222	.4236	.4251	.4265	.4279	.4292	.4306	.4319
1.5	.4332	.4345	.4357	.4370	.4382	.4394	.4406	.4418	.4429	.4441
1.6	.4452	.4463	.4474	.4484	.4495	.4505	.4515	.4525	.4535	.4545
1.7	.4554	.4564	.4573	.4582	.4591	.4599	.4608	.4616	.4625	.4633
1.8	.4641	.4649	.4656	.4664	.4671	.4678	.4686	.4693	.4699	.4706
1.9	.4713	.4719	.4726	.4732	.4738	.4744	.4750	.4756	.4761	.4767
2.0	.4772	.4778	.4783	.4788	.4793	.4798	.4803	.4808	.4812	.4817
2.1	.4821	.4826	.4830	.4834	.4838	.4842	.4846	.4850	.4854	.4857
2.2	.4861	.4864	.4868	.4871	.4875	.4878	.4881	.4884	.4887	.4890
2.3	.4893	.4896	.4898	.4901	.4904	.4906	.4909	.4911	.4913	.4916
2.4	.4918	.4920	.4922	.4925	.4927	.4929	.4931	.4932	.4934	.4936
2.5	.4938	.4940	.4941	.4943	.4945	.4946	.4948	.4949	.4951	.4952
2.6	.4953	.4955	.4956	.4957	.4959	.4960	.4961	.4962	.4963	.4964
2.7	.4965	.4966	.4967	.4968	.4969	.4970	.4971	.4972	.4973	.4974
2.8	.4974	.4975	.4976	.4977	.4977	.4978	.4979	.4979	.4980	.4981
2.9	.4981	.4982	.4982	.4983	.4984	.4984	.4985	.4985	.4986	.4986
3.0	.4987	.4987	.4987	.4988	.4988	.4989	.4989	.4989	.4990	.4990
3.1	.4990	.4991	.4991	.4991	.4992	.4992	.4992	.4992	.4993	.4993
3.2	.4993	.4993	.4994	.4994	.4994	.4994	.4994	.4995	.4995	.4995
3.3	.4995	.4995	.4995	.4996	.4996	.4996	.4996	.4996	.4996	.4997

Memo

Memo

Memo

이투스북

PROJECT 531

수학을 빠르게

확률과 통계 S

정답과 풀이

531 Project Speedy

확률과 통계

정답과 풀이

Speed Check
빠른 정답 체크

I 경우의 수

01 | 순열과 조합

| 내신 & 수능 빈출 유형 | 본문 09~12쪽

유형 01 ②	01-1 144	01-2 ③
유형 02 ③	02-1 ②	
유형 03 ⑤	03-1 300	03-2 ③
유형 04 ①	04-1 30	
유형 05 24	05-1 ②	05-2 38
유형 06 ①	06-1 ②	
유형 07 ④	07-1 ②	07-2 10
유형 08 126	08-1 90	

| 빈출 유형 마무리 | 본문 13~14쪽

01 ④	02 ②	03 ②	04 180	05 192	06 33
07 ④	08 ①	09 ⑤	10 60	11 ④	12 ③
13 ①	14 126	15 ③	16 ④		

02 | 이항정리

| 내신 & 수능 빈출 유형 | 본문 16~17쪽

유형 01 ④	01-1 ③	01-2 6
유형 02 ⑤	02-1 ②	
유형 03 ⑤	03-1 ⑤	
유형 04 8	04-1 ③	04-2 ②

| 빈출 유형 마무리 | 본문 18쪽

01 45	02 22	03 ④	04 456	05 ④	06 ④
07 ②	08 30				

II 확률

01 | 확률의 뜻과 활용

| 내신 & 수능 빈출 유형 | 본문 21~23쪽

유형 01 ①	01-1 ⑤	
유형 02 ①	02-1 ③	02-2 ③
유형 03 $\frac{3}{5}$	03-1 ①	
유형 04 ④	04-1 ①	04-2 4
유형 05 ④	05-1 ⑤	
유형 06 ②	06-1 ①	06-2 ③

| 빈출 유형 마무리 | 본문 24~25쪽

01 ③	02 ④	03 ①	04 ③	05 ④	06 133
07 ④	08 ③	09 15	10 279	11 ①	12 ④
13 ③	14 ⑤	15 11			

02 | 조건부확률

| 내신 & 수능 빈출 유형 | 본문 27~30쪽

유형 01 ①	01-1 ②	
유형 02 ③	02-1 ③	02-2 16
유형 03 ①	03-1 ④	
유형 04 ②	04-1 ⑤	04-2 ③
유형 05 ④	05-1 ①	
유형 06 ⑤	06-1 ③	
유형 07 ⑤	07-1 ④	
유형 08 ⑤	08-1 ①	08-2 169

| 빈출 유형 마무리 | 본문 31~32쪽

01 ④	02 262	03 ③	04 ②	05 5	06 ②
07 30	08 ②	09 936	10 ⑤	11 173	12 ②
13 ③	14 ③				

Speed Check 빠른 정답 체크

III 통계

01 | 이산확률분포

| 내신 & 수능 빈출 유형 | 본문 35~38쪽

유형 01 ④	01-1 ④	
유형 02 ⑤	02-1 ②	02-2 ①
유형 03 ⑤	03-1 $\frac{85}{36}$	
유형 04 ①	04-1 1	04-2 244
유형 05 $\frac{137}{36}$	05-1 $\frac{39}{20}$	
유형 06 24	06-1 ③	
유형 07 ①	07-1 10	07-2 920

| 빈출 유형 마무리 | 본문 39~40쪽

01 ② 02 2 03 $\frac{23}{28}$ 04 ③ 05 $\frac{17}{36}$ 06 ⑤
07 5 08 30 09 ⑤ 10 $\frac{1}{2}$ 11 91 12 ②
13 ⑤

02 | 연속확률분포

| 내신 & 수능 빈출 유형 | 본문 42~45쪽

유형 01 ②	01-1 4	
유형 02 ③	02-1 ⑤	02-2 $\frac{5}{9}$
유형 03 ①	03-1 0.5	
유형 04 ④	04-1 ①	04-2 ⑤
유형 05 0.0228	05-1 ②	
유형 06 64점	06-1 ③	
유형 07 ①	07-1 ②	
유형 08 ③	08-1 0.0668	08-2 28

| 빈출 유형 마무리 | 본문 46~47쪽

01 $\frac{5}{6}$ 02 ⑤ 03 4 04 ③ 05 10 06 ④
07 68명 08 100 09 ③ 10 ④ 11 ② 12 ①
13 ③ 14 155

03 | 통계적 추정

| 내신 & 수능 빈출 유형 | 본문 49~50쪽

유형 01 ①	01-1 ④	01-2 4
유형 02 ③	02-1 ①	
유형 03 $172.242 \le m \le 172.758$		03-1 ③
	03-2 ③	
유형 04 36	04-1 90	

| 빈출 유형 마무리 | 본문 51~52쪽

01 5 02 6 03 ⑤ 04 ① 05 9 06 ②
07 225 08 385 09 ③ 10 ⑤ 11 168 12 ⑤
13 ④ 14 ③

I. 경우의 수

01 | 순열과 조합

내신&수능 빈출 유형 본문 09~12쪽

유형 01

A, B를 묶어서 한 사람으로 생각하면 학생의 수는 모두 5명이므로 원탁에 둘러앉는 경우의 수는

$(5-1)!=4!=24$

A, B가 자리를 바꾸는 경우의 수는

$2!=2$

따라서 구하는 경우의 수는

$24\times2=48$ 답 ②

01-1

중학생 4명이 원탁에 둘러앉는 경우의 수는

$(4-1)!=3!=6$

중학생 사이사이의 4개의 자리에 고등학생 3명을 앉히는 경우의 수는

${}_4P_3=24$

따라서 구하는 경우의 수는

$6\times24=144$ 답 144

01-2

8명을 원형으로 배열하는 경우의 수는

$(8-1)!=7!$

이때, 원형으로 배열하는 한 가지 경우에 대하여 직사각형 모양의 탁자에서는 다음 그림과 같이 서로 다른 경우가 4가지씩 존재한다.

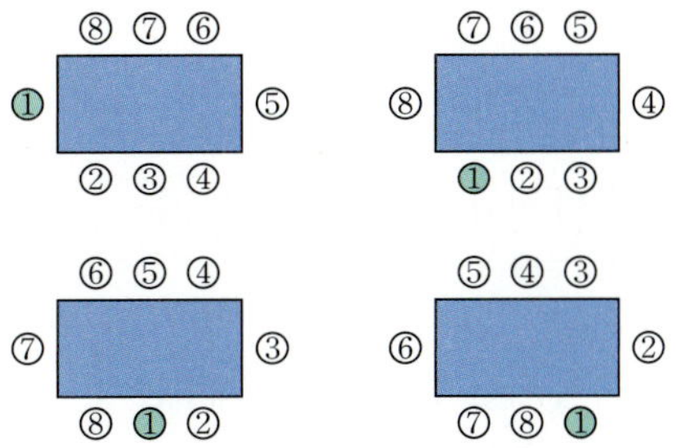

따라서 구하는 경우의 수는

$7!\times4$ 답 ③

유형 02

가운데 삼각형을 칠하는 경우의 수는 ${}_5C_1=5$

나머지 3개의 삼각형에 칠할 색을 택하는 경우의 수는

${}_4C_3={}_4C_1=4$

나머지 3개의 삼각형을 칠하는 경우의 수는

$(3-1)!=2!=2$

따라서 구하는 경우의 수는

$5\times4\times2=40$ 답 ③

02-1

특정한 색을 윗면에 칠하면 아랫면을 칠하는 경우의 수는 5이고, 옆면을 칠하는 경우의 수는 $(4-1)!=3!=6$

따라서 구하는 경우의 수는

$5\times6=30$ 답 ②

유형 03

구하는 경우의 수는 서로 다른 3개에서 중복을 허용하여 5개를 택하는 중복순열의 수와 같으므로

${}_3\Pi_5=3^5=243$ 답 ⑤

03-1

맨 앞자리에 0이 아닌 숫자를 택하는 경우의 수는 4

짝수가 되려면 일의 자리의 숫자가 0 또는 2 또는 4이어야 하므로 일의 자리의 숫자를 택하는 경우의 수는 3

남은 2개의 자리의 숫자를 택하는 경우의 수는 서로 다른 5개의 숫자 중에서 중복을 허용하여 2개를 택하는 중복순열의 수와 같으므로 ${}_5\Pi_2=5^2=25$

따라서 구하는 짝수의 개수는 $4\times3\times25=300$ 답 300

03-2

구하는 경우의 수는 서로 다른 2개에서 중복을 허용하여 5개를 택하는 중복순열의 수와 같으므로

${}_2\Pi_5=2^5=32$ 답 ③

유형 04

양 끝에 놓이는 p와 f가 자리를 바꾸는 경우의 수는

$2!=2$

r이 2개, e가 2개이므로 p와 f가 양 끝에 오도록 6개의 문자를 일렬로 나열하는 경우의 수는

$2\times\frac{4!}{2!\times2!}=12$ 답 ①

04-1

(i) 일의 자리에 1이 오는 경우

나머지 5개의 숫자 2, 2, 2, 3, 3을 일렬로 나열하는 경우의 수는 $\frac{5!}{3!\times2!}=10$

(ii) 일의 자리에 3이 오는 경우

나머지 5개의 숫자 1, 2, 2, 2, 3을 일렬로 나열하는 경우의 수는 $\frac{5!}{3!}=20$

(i), (ii)에서 구하는 자연수의 개수는 $10+20=30$

• 다른 풀이 •

6개의 숫자 1, 2, 2, 2, 3, 3을 일렬로 나열하는 경우의 수는

$\frac{6!}{3!\times2!}=60$

일의 자리에 2가 오고 나머지 5개의 숫자 1, 2, 2, 3, 3을 일렬로 나열하는 경우의 수는 $\frac{5!}{2!\times2!}=30$

따라서 구하는 자연수의 개수는 $60-30=30$ 답 30

유형 05

A지점에서 P지점까지 최단 거리로 가는 경우의 수는

$\frac{4!}{3!\times1!}=4$

P지점에서 B지점까지 최단 거리로 가는 경우의 수는

$\frac{4!}{2!\times2!}=6$

따라서 구하는 경우의 수는

$4\times6=24$

답 24

05-1

오른쪽 그림과 같이 두 지점 P, Q를 잡으면 A지점에서 B지점까지 최단 거리로 가는 경우는 A → P → B, A → Q → B의 2가지이다.

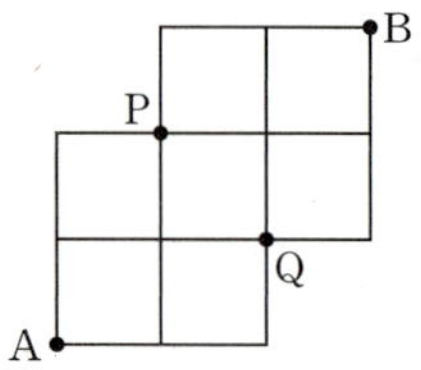

(i) A → P → B인 경우

A지점에서 P지점까지 최단 거리로 가는 경우의 수는

$\frac{3!}{1!\times2!}=3$

P지점에서 B지점까지 최단 거리로 가는 경우의 수는

$\frac{3!}{2!\times1!}=3$

즉, A지점에서 P지점을 거쳐 B지점까지 최단 거리로 가는 경우의 수는 $3\times3=9$

(ii) A → Q → B인 경우

A지점에서 Q지점까지 최단 거리로 가는 경우의 수는

$\frac{3!}{2!\times1!}=3$

Q지점에서 B지점까지 최단 거리로 가는 경우의 수는

$\frac{3!}{1!\times2!}=3$

즉, A지점에서 Q지점을 거쳐 B지점까지 최단 거리로 가는 경우의 수는 $3\times3=9$

(i), (ii)에서 구하는 경우의 수는

$9+9=18$

• 다른 풀이 •

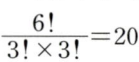

오른쪽 그림과 같은 도로망의 A지점에서 B지점까지 최단 거리로 가는 경우의 수는

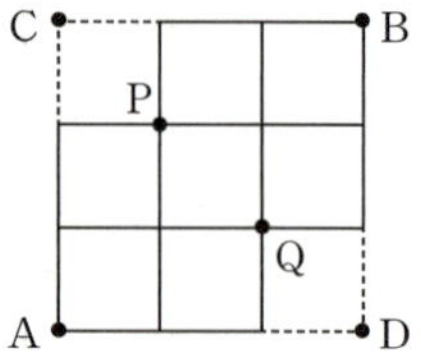

$\frac{6!}{3!\times3!}=20$

A지점에서 C지점을 거쳐 B지점까지 최단 거리로 가는 경우의 수는 1

A지점에서 D지점을 거쳐 B지점까지 최단 거리로 가는 경우의 수는 1

따라서 구하는 경우의 수는

$20-1-1=18$

답 ②

05-2

A지점에서 B지점까지 최단 거리로 가는 경우의 수는

$\frac{8!}{5!\times3!}=56$

A지점에서 $\overline{PQ}$를 거쳐 B지점까지 최단 거리로 가는 경우의 수는

$\frac{4!}{2!\times2!}\times1\times\frac{3!}{2!\times1!}=18$

따라서 구하는 경우의 수는

$56-18=38$

답 38

유형 06

구하는 경우의 수는 서로 다른 2개에서 중복을 허용하여 7개를 택하는 중복조합의 수와 같으므로

${}_2H_7={}_8C_7={}_8C_1=8$

답 ①

06-1

구하는 경우의 수는 먼저 3명의 학생들에게 빵을 한 개씩 나누어 주고, 남은 빵 5개를 3명의 학생들에게 나누어 주는 경우의 수와 같다.

즉, 서로 다른 3개에서 중복을 허용하여 5개를 택하는 중복조합의 수와 같으므로

${}_3H_5={}_7C_5={}_7C_2=21$

답 ②

유형 07

x, y, z는 자연수이므로 $x\geq1$, $y\geq1$, $z\geq1$에서 $x'=x-1$, $y'=y-1$, $z'=z-1$ (x', y', z'은 음이 아닌 정수)로 놓으면

$x+y+z=8$에서 $x'+y'+z'=5$ …… ㉠

즉, 구하는 순서쌍의 개수는 방정식 ㉠의 음이 아닌 정수인 해의 개수와 같다.

따라서 구하는 순서쌍의 개수는 x', y', z'에서 중복을 허용하여 5개를 택하는 중복조합의 수와 같으므로

${}_3H_5={}_7C_5={}_7C_2=21$

답 ④

07-1

(i) $z=0$일 때

$x+y=8$의 음이 아닌 정수인 해의 개수는

${}_2H_8={}_9C_8={}_9C_1=9$

(ii) $z=1$일 때

$x+y=5$의 음이 아닌 정수인 해의 개수는

${}_2H_5={}_6C_5={}_6C_1=6$

(iii) $z=2$일 때

$x+y=2$의 음이 아닌 정수인 해의 개수는

${}_2H_2={}_3C_2={}_3C_1=3$

(i)~(iii)에서 구하는 순서쌍의 개수는

$9+6+3=18$

답 ②

07-2

x, y, z가 음이 아닌 정수이므로

$x+y+z=0$ 또는 $x+y+z=1$ 또는 $x+y+z=2$

(i) $x+y+z=0$의 음이 아닌 정수인 해의 개수는

${}_3H_0={}_2C_0=1$

(ii) $x+y+z=1$의 음이 아닌 정수인 해의 개수는

$_3H_1={}_3C_1=3$

(iii) $x+y+z=2$의 음이 아닌 정수인 해의 개수는

$_3H_2={}_4C_2=6$

(i)~(iii)에서 구하는 순서쌍의 개수는

$1+3+6=10$ 답 10

유형 08

주어진 조건에 의하여 $f(1)\le f(2)\le f(3)\le f(4)$이어야 하므로 집합 Y의 원소 중에서 중복을 허용하여 네 개를 택하여 작은 수부터 차례대로 $f(1)$, $f(2)$, $f(3)$, $f(4)$로 정하면 된다.

따라서 구하는 함수의 개수는

$_6H_4={}_9C_4=126$ 답 126

08-1

조건 (가), (나)에 의하여 $f(1)\le f(2)\le f(3)=3\le f(4)\le f(5)$이어야 한다.

$f(1)\le f(2)\le 3$이므로 집합 Y의 원소 1, 2, 3 중에서 중복을 허용하여 두 개를 택하여 작은 수부터 차례대로 $f(1)$, $f(2)$의 값으로 정하면 된다.

$3\le f(4)\le f(5)$이므로 집합 Y의 원소 3, 4, 5, 6, 7 중에서 중복을 허용하여 두 개를 택하여 작은 수부터 차례대로 $f(4)$, $f(5)$의 값으로 정하면 된다.

따라서 구하는 함수의 개수는

$_3H_2\times{}_5H_2={}_4C_2\times{}_6C_2=90$ 답 90

빈출 유형 마무리 본문 13~14쪽

01 ④	**02** ②	**03** ②	**04** 180	**05** 192	**06** 33
07 ④	**08** ①	**09** ⑤	**10** 60	**11** ④	**12** ③
13 ①	**14** 126	**15** ③	**16** ④		

01

2학년을 묶어서 한 사람으로 생각하면 학생의 수는 1학년 3명과 함께 모두 4명이므로 원탁에 둘러앉는 경우의 수는

$(4-1)!=3!=6$

묶음 안의 2학년이 자리를 바꾸는 경우의 수는

$2!=2$

4명 사이사이에 있는 4개의 자리 중에서 2개의 자리를 택하여 3학년 2명이 앉는 경우의 수는

$_4P_2=12$

따라서 구하는 경우의 수는

$6\times2\times12=144$ 답 ④

02

9명이 원탁에 둘러앉는 경우의 수는 $(9-1)!=8!$

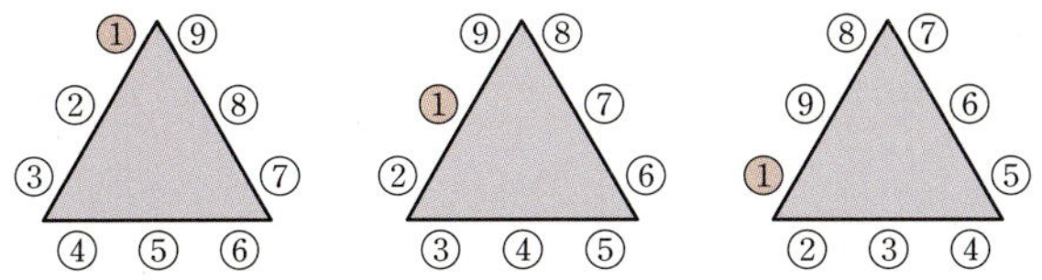

이때, 원탁에 둘러앉는 각 경우에 대하여 위의 그림과 같이 서로 다른 경우가 3가지씩 존재하므로 구하는 경우의 수는

$3\times8!=\frac{1}{3}\times9\times8!=\frac{1}{3}\times9!$

$\therefore a=\frac{1}{3}$ 답 ②

03

가운데 4개의 직각이등변삼각형에 칠할 색을 고르는 경우의 수는

$_8C_4=70$

가운데 4개의 직각이등변삼각형을 칠하는 경우의 수는 서로 다른 4개를 원형으로 배열하는 순열의 수와 같으므로

$(4-1)!=3!=6$

나머지 4개의 직각이등변삼각형을 칠하는 경우의 수는

$4!=24$

따라서 $a=70\times6\times24=70\times144$이므로

$\frac{a}{70}=144$ 답 ②

04

두 밑면에 색칠할 색을 선택하는 경우의 수는

$_6P_2=30$

남은 4개의 색을 옆면에 색칠하는 경우의 수는 서로 다른 4개를 원형으로 배열하는 원순열의 수와 같으므로

$(4-1)!=3!=6$

따라서 구하는 경우의 수는

$30\times6=180$ 답 180

05

A상자에 넣을 구슬 1개를 고르는 경우의 수는

$_6C_1=6$

남은 구슬 5개를 두 상자 B, C에 넣는 경우의 수는

$_2\Pi_5=2^5=32$

따라서 구하는 경우의 수는

$6\times32=192$ 답 192

06

세 문자 a, b, c 중에서 중복을 허락하여 4개를 택하여 일렬로 나열하는 경우의 수는 $_3\Pi_4=3^4=81$

(i) 문자 a가 나오지 않는 경우

문자 b, c만 나오는 경우이므로 그 경우의 수는 $_2\Pi_4=2^4=16$

(ii) 문자 a가 한 번만 나오는 경우

문자 a의 위치를 정하는 경우 4가지

나머지 세 자리는 b, c만 나오는 경우이므로 $_2\Pi_3=2^3=8$

따라서 문자 a가 한 번만 나오는 경우의 수는 $4\times8=32$

(i), (ii)에서 문자 a가 두 번 이상 나오는 경우의 수는

$81-16-32=33$ 답 33

07

s, u, t의 순서가 정해져 있으므로 s, u, t를 모두 같은 문자 x로 생각하여 7개의 문자 x, x, p, p, o, r, x를 일렬로 나열한 후 첫 번째 x는 s, 두 번째 x는 u, 세 번째 x는 t로 바꾸면 된다.

따라서 구하는 방법의 수는

$\frac{7!}{3!\times2!}=420$ 답 ④

08

1을 제외한 5개의 숫자 2, 2, 2, 3, 3을 일렬로 나열하는 경우의 수는

$\frac{5!}{3!\times2!}=10$

5개의 숫자 사이사이와 양 끝의 6개의 자리 중에서 2개의 자리를 선택하여 1을 나열하는 경우의 수는

${}_6C_2=\frac{6\times5}{2\times1}=15$

따라서 구하는 자연수의 개수는

$10\times15=150$

• 다른 풀이 •

7개의 숫자 1, 1, 2, 2, 2, 3, 3을 일렬로 나열하는 경우의 수는

$\frac{7!}{2!\times3!\times2!}=210$

두 개의 숫자 1을 묶어서 하나의 숫자로 생각하면 숫자는 모두 6개이므로 일렬로 나열하는 경우의 수는

$\frac{6!}{3!\times2!}=60$

따라서 구하는 자연수의 개수는

$210-60=150$ 답 ①

09

A지점에서 P지점까지 최단 거리로 가는 경우의 수는

$\frac{5!}{3!\times2!}=10$

P지점에서 Q지점까지 최단 거리로 가는 경우의 수는

$\frac{2!}{1!\times1!}=2$

Q지점에서 B지점까지 최단 거리로 가는 경우의 수는

$\frac{3!}{2!\times1!}=3$

따라서 구하는 경우의 수는

$10\times2\times3=60$ 답 ⑤

10

정육면체의 모서리를 따라 가로 방향으로 한 칸 가는 것을 a, 세로 방향으로 한 칸 가는 것을 b, 높이 방향으로 한 칸 가는 것을 c로 나타내면 A지점에서 B지점까지 최단 거리로 가는 경우의 수는 1개의 a, 3개의 b, 2개의 c를 일렬로 나열하는 순열의 수와 같으므로

$\frac{6!}{3!\times2!}=60$ 답 60

11

구하는 항의 개수는 4개의 문자 a, b, c, d 중에서 중복을 허용하여 5개를 택하는 중복조합의 수와 같으므로

${}_4H_5={}_8C_5={}_8C_3=56$ 답 ④

12

3개의 상자 A, B, C에 담는 사탕의 개수를 각각 a, b, c라 하면 $a\geq1$, $b\geq3$, $c\geq0$이므로 $a'=a-1$, $b'=b-3$ (a', b', c는 음이 아닌 정수)으로 놓으면

$a+b+c=10$에서 $a'+b'+c=6$ …… ㉠

즉, 해의 개수는 방정식 ㉠의 음이 아닌 정수인 해의 개수와 같다.

따라서 구하는 경우의 수는 a', b', c에서 중복을 허용하여 6개를 택하는 중복조합의 수와 같으므로

${}_3H_6={}_8C_6={}_8C_2=28$

• 다른 풀이 •

구하는 경우의 수는 먼저 상자 A에는 1개, 상자 B에는 3개의 사탕을 담고, 남은 6개의 사탕을 세 개의 상자에 담는 경우의 수와 같다.

즉, 서로 다른 3개에서 중복을 허용하여 6개를 택하는 중복조합의 수와 같으므로

${}_3H_6={}_8C_6={}_8C_2=28$ 답 ③

13

X에서 Y로의 함수의 개수는

${}_6\Pi_3=6^3=216$

X에서 Y로의 함수 중에서 $f(1)=1$인 함수의 개수는

${}_6\Pi_2=6^2=36$

따라서 구하는 함수의 개수는

$216-36=180$ 답 ①

14

조건 (가)에서 $f(3)$의 값은 짝수이므로 $f(3)$이 될 수 있는 수는 2 또는 4 또는 6이다.

(i) $f(3)=2$인 경우

$f(1)\leq f(2)\leq2$이어야 하므로 $f(1)$, $f(2)$가 될 수 있는 수는 1, 2이고, $f(1)$, $f(2)$를 정하는 경우의 수는 1, 2의 2개 중에서 2개를 택하는 중복조합의 수와 같다.

또한 $2\leq f(4)\leq f(5)$이어야 하므로 $f(4)$, $f(5)$가 될 수 있는 수는 2, 3, 4, 5, 6이고, $f(4)$, $f(5)$를 정하는 경우의 수는 2, 3, 4, 5, 6의 5개 중에서 2개를 택하는 중복조합의 수와 같다.

즉, $f(3)=2$인 함수 f의 개수는

${}_2H_2\times{}_5H_2={}_3C_2\times{}_6C_2=3\times15=45$

(ii) $f(3)=4$인 경우

$f(1)\le f(2)\le 4$이어야 하므로 $f(1)$, $f(2)$가 될 수 있는 수는 1, 2, 3, 4이고, $f(1)$, $f(2)$를 정하는 경우의 수는 1, 2, 3, 4의 4개 중에서 2개를 택하는 중복조합의 수와 같다.

또한 $4\le f(4)\le f(5)$이어야 하므로 $f(4)$, $f(5)$가 될 수 있는 수는 4, 5, 6이고, $f(4)$, $f(5)$를 정하는 경우의 수는 4, 5, 6의 3개 중에서 2개를 택하는 중복조합의 수와 같다.

즉, $f(3)=4$인 함수 f의 개수는

${}_4H_2\times{}_3H_2={}_5C_2\times{}_4C_2=10\times6=60$

(iii) $f(3)=6$인 경우

$f(1)\le f(2)\le 6$이어야 하므로 $f(1)$, $f(2)$가 될 수 있는 수는 1, 2, 3, 4, 5, 6이고, $f(1)$, $f(2)$를 정하는 경우의 수는 1, 2, 3, 4, 5, 6의 6개 중에서 2개를 택하는 중복조합의 수와 같다.

또한 $6\le f(4)\le f(5)$이어야 하므로 $f(4)$, $f(5)$가 될 수 있는 수는 6뿐이다.

즉, $f(3)=6$인 함수 f의 개수는

${}_6H_2\times1={}_7C_2\times1=21$

(i)~(iii)에서 구하는 함수의 개수는

$45+60+21=126$ 답 126

15

주어진 조건을 만족시키는 세 자연수 $|a|$, $|b|$, $|c|$의 순서쌍 $(|a|, |b|, |c|)$의 개수는 5 이하의 자연수 중에서 중복을 허락하여 3개를 택하는 중복조합의 수와 같으므로

${}_5H_3={}_7C_3=35$

이때, a, b, c는 각각 음의 정수 또는 양의 정수의 값을 가질 수 있으므로 순서쌍 (a, b, c)의 개수는 순서쌍 $(|a|, |b|, |c|)$의 개수의

$2^3=8$(배)와 같다.

따라서 구하는 순서쌍의 개수는 $35\times8=280$ 답 ③

16

조건 (가)에서 $x+y+z=10$을 만족시키는 음이 아닌 정수인 해의 개수는

${}_3H_{10}={}_{12}C_{10}={}_{12}C_2=66$

조건 (나)를 만족시키지 않는 경우는 $y+z=0$ 또는 $y+z=10$일 때이다.

(i) $y+z=0$을 만족시키는 음이 아닌 정수인 해는

$x=10$, $y=z=0$의 1개

(ii) $y+z=10$을 만족시키는 음이 아닌 정수인 해의 개수는

${}_2H_{10}={}_{11}C_{10}={}_{11}C_1=11$

(i), (ii)에서 구하는 순서쌍의 개수는

$66-1-11=54$ 답 ④

I. 경우의 수

02 이항정리

내신&수능 빈출 유형 본문 16~17쪽

유형 01

$\left(x^3-\frac{2}{x}\right)^6$의 전개식의 일반항은

${}_6C_r(x^3)^{6-r}\left(-\frac{2}{x}\right)^r={}_6C_r(-2)^r\frac{x^{18-3r}}{x^r}$

x^2항은 $r=4$일 때이므로 x^2의 계수는

${}_6C_4\times(-2)^4={}_6C_2\times16=15\times16=240$ 답 ④

01-1

$\left(x^2+\frac{a}{x}\right)^5$의 전개식의 일반항은

${}_5C_r(x^2)^{5-r}\left(\frac{a}{x}\right)^r={}_5C_ra^r\frac{x^{10-2r}}{x^r}$

x항은 $r=3$일 때이므로 x의 계수는

${}_5C_3a^3=640$

$10a^3=640$, $a^3=64$

$\therefore a=4$ ($\because a$는 실수) 답 ③

01-2

$(x-a)^6$의 전개식의 일반항은

${}_6C_rx^{6-r}(-a)^r={}_6C_r(-a)^rx^{6-r}$

x항은 $r=5$일 때이므로

${}_6C_5(-a)^5=-6a^5$

상수항은 $r=6$일 때이므로

${}_6C_6(-a)^6=a^6$

이때, x의 계수와 상수항의 합이 0이므로

$-6a^5+a^6=0$, $a^5(a-6)=0$

$\therefore a=6$ ($\because a>0$) 답 6

유형 02

다항식 $(x+1)(x+2)^6$의 전개식에서 x^3항은 x와 $(x+2)^6$의 전개식에서의 x^2항이 곱해지거나 1과 $(x+2)^6$의 전개식에서의 x^3항이 곱해질 때 나타난다.

$(x+2)^6$의 전개식의 일반항은 ${}_6C_rx^{6-r}2^r$이므로 x^2항은 $r=4$일 때 나타나고, x^2의 계수는

${}_6C_4\times2^4={}_6C_2\times16=15\times16=240$

$(x+2)^6$의 전개식에서 x^3항은 $r=3$일 때 나타나고, x^3의 계수는

${}_6C_3\times2^3=20\times8=160$

따라서 $(x+1)(x+2)^6$의 전개식에서 x^3의 계수는

$240+160=400$ 답 ⑤

02-1

$(x-2)^2\left(x^2+\frac{1}{x}\right)^4$의 전개식에서 x^2항은 다음 세 가지 경우에 나타난다.

(i) $(x-2)^2$의 전개식에서의 상수항과 $\left(x^2+\frac{1}{x}\right)^4$의 전개식에서의 x^2항이 곱해질 때

(ii) $(x-2)^2$의 전개식에서의 x항과 $\left(x^2+\frac{1}{x}\right)^4$의 전개식에서의 x항이 곱해질 때

(iii) $(x-2)^2$의 전개식에서의 x^2항과 $\left(x^2+\frac{1}{x}\right)^4$의 전개식에서의 상수항이 곱해질 때

이때, $(x-2)^2=x^2-4x+4$이고 $\left(x^2+\frac{1}{x}\right)^4$의 전개식에서 일반항은 ${}_4C_r(x^2)^{4-r}\left(\frac{1}{x}\right)^r={}_4C_r\frac{x^{8-2r}}{x^r}$이므로

x^2항은 $r=2$일 때 나타나고, x항과 상수항은 나타나지 않는다.

따라서 $(x-2)^2\left(x^2+\frac{1}{x}\right)^4$의 전개식에서 x^2의 계수는

$4\times{}_4C_2=4\times6=24$ 답 ②

유형 03

${}_3C_3={}_2C_2$이므로

${}_3C_3+{}_3C_2+{}_4C_2+{}_5C_2={}_2C_2+{}_3C_2+{}_4C_2+{}_5C_2$

파스칼의 삼각형에서 한 단계의 마지막 수인 1부터 시작하여 왼쪽 아래의 대각선 방향으로 네 개의 수 ${}_2C_2$, ${}_3C_2$, ${}_4C_2$, ${}_5C_2$를 더한 값은 ${}_5C_2$가 있는 단계의 다음 단계의 네 번째 수인 ${}_6C_3$과 같다.

$\therefore {}_3C_3+{}_3C_2+{}_4C_2+{}_5C_2={}_6C_3$

• 다른 풀이 •

${}_{n-1}C_{r-1}+{}_{n-1}C_r={}_nC_r$이므로

${}_3C_2+{}_3C_3+{}_4C_2+{}_5C_2$

$={}_4C_3+{}_4C_2+{}_5C_2$

$={}_5C_3+{}_5C_2$

$={}_6C_3$ 답 ⑤

03-1

색칠한 부분에 있는 모든 수의 합은

$({}_1C_0+{}_2C_1+{}_3C_2+{}_4C_3+\cdots+{}_{10}C_9)$

$+({}_1C_1+{}_2C_2+{}_3C_3+{}_4C_4+\cdots+{}_{10}C_{10})$

파스칼의 삼각형에서 한 단계의 첫 번째 수인 1부터 시작하여 오른쪽 아래의 대각선 방향으로 열 개의 수 ${}_1C_0$, ${}_2C_1$, ${}_3C_2$, $\cdots$, ${}_{10}C_9$를 더한 값은 ${}_{10}C_9$가 있는 단계의 다음 단계의 열 번째 수인 ${}_{11}C_9$와 같다.

$\therefore {}_1C_0+{}_2C_1+{}_3C_2+\cdots+{}_{10}C_9={}_{11}C_9={}_{11}C_2=55$

또한 ${}_1C_1+{}_2C_2+{}_3C_3+\cdots+{}_{10}C_{10}=1+1+1+\cdots+1=10$이므로

색칠한 부분에 있는 모든 수의 합은

$55+10=65$ 답 ⑤

유형 04

${}_nC_0+{}_nC_1+{}_nC_2+\cdots+{}_nC_n=2^n$이므로

${}_nC_1+{}_nC_2+\cdots+{}_nC_n=2^n-1$

따라서 주어진 부등식은

$200<2^n-1<300$ $\quad\therefore 201<2^n<301$

이때, $2^7=128$, $2^8=256$, $2^9=512$이므로

$n=8$ 답 8

04-1

${}_{20}C_0-{}_{20}C_1+{}_{20}C_2-\cdots-{}_{20}C_{19}+{}_{20}C_{20}=0$이므로

${}_{20}C_1-{}_{20}C_2+{}_{20}C_3-\cdots+{}_{20}C_{19}={}_{20}C_0+{}_{20}C_{20}$

$=1+1=2$ 답 ③

04-2

${}_{17}C_0+{}_{17}C_1+{}_{17}C_2+\cdots+{}_{17}C_8+{}_{17}C_9+{}_{17}C_{10}+\cdots+{}_{17}C_{17}=2^{17}$

이므로

${}_{17}C_0+{}_{17}C_1+{}_{17}C_2+\cdots+{}_{17}C_8={}_{17}C_9+{}_{17}C_{10}+{}_{17}C_{11}+\cdots+{}_{17}C_{17}$

$=2^{16}$

$\therefore {}_{17}C_9+{}_{17}C_{10}+{}_{17}C_{11}+\cdots+{}_{17}C_{17}=2^{16}$ 답 ②

빈출 유형 마무리

본문 18쪽

01 45	02 22	03 ④	04 456	05 ④	06 ④
07 ②	08 30				

01

$N=1+4\times11+6\times11^2+4\times11^3+11^4$

$={}_4C_0\times1^4+{}_4C_1\times1^3\times11^1+{}_4C_2\times1^2\times11^2$

$+{}_4C_3\times1^1\times11^3+{}_4C_4\times11^4$

$=(1+11)^4$

$=12^4$

$=(2^2\times3)^4$

$=2^8\times3^4$

따라서 N의 양의 약수의 개수는

$(8+1)\times(4+1)=45$ 답 45

02

$8^{10}=(1+7)^{10}$

$={}_{10}C_0\times1^{10}+{}_{10}C_1\times1^9\times7^1+{}_{10}C_2\times1^8\times7^2+{}_{10}C_3\times1^7\times7^3$

$+\cdots+{}_{10}C_{10}\times7^{10}$

이므로 8^{10}을 49로 나누었을 때의 나머지는

${}_{10}C_0\times1^{10}+{}_{10}C_1\times1^9\times7^1$을 49로 나누었을 때의 나머지와 같다.

${}_{10}C_0\times1^{10}+{}_{10}C_1\times1^9\times7^1=1+70=71$

따라서 8^{10}을 49로 나누었을 때의 나머지는 22이다. 답 22

03

$6\times{}_5C_0+6^2\times{}_5C_1+6^3\times{}_5C_2+\cdots+6^6\times{}_5C_5$
$=6({}_5C_0+6\times{}_5C_1+6^2\times{}_5C_2+\cdots+6^5\times{}_5C_5)$
$=6\times(1+6)^5$
$=6\times7^5$

답 ④

04

$(1+x)^6$의 전개식의 일반항은
${}_6C_r x^r$
$(2+x)^4$의 전개식의 일반항은
${}_4C_s 2^{4-s}x^s$
따라서 $(1+x)^6(2+x)^4$의 전개식의 일반항은
${}_6C_r x^r\times{}_4C_s 2^{4-s}x^s={}_6C_r\times{}_4C_s 2^{4-s}x^{r+s}$ (단, $0\le r\le6$, $0\le s\le4$)
$r+s=2$를 만족시키는 r, s의 순서쌍 (r, s)는
$(0, 2)$, $(1, 1)$, $(2, 0)$
이므로 구하는 x^2의 계수는
${}_6C_0\times{}_4C_2\times2^2+{}_6C_1\times{}_4C_1\times2^3+{}_6C_2\times{}_4C_0\times2^4$
$=24+192+240=456$

답 456

05

$1+(1+x)+(1+x)^2+\cdots+(1+x)^{10}$의 전개식에서 x^6의 계수는 $(1+x)^6+(1+x)^7+\cdots+(1+x)^{10}$의 전개식에서 x^6의 계수와 같다.
$(1+x)^6+(1+x)^7+\cdots+(1+x)^{10}$의 전개식에서 x^6의 계수는
${}_6C_6+{}_7C_6\times1^1+{}_8C_6\times1^2+{}_9C_6\times1^3+{}_{10}C_6\times1^4$
$={}_6C_6+{}_7C_6+{}_8C_6+{}_9C_6+{}_{10}C_6$
이때, ${}_6C_6={}_7C_7$이므로
${}_6C_6+{}_7C_6={}_7C_7+{}_7C_6={}_8C_7$
${}_8C_7+{}_8C_6={}_9C_7$
${}_9C_7+{}_9C_6={}_{10}C_7$
${}_{10}C_7+{}_{10}C_6={}_{11}C_7$
$\therefore {}_6C_6+{}_7C_6+{}_8C_6+{}_9C_6+{}_{10}C_6={}_{11}C_7={}_{11}C_4$
$=330$

답 ④

06

원소의 개수가 1인 부분집합의 개수는 ${}_8C_1$
원소의 개수가 3인 부분집합의 개수는 ${}_8C_3$
원소의 개수가 5인 부분집합의 개수는 ${}_8C_5$
원소의 개수가 7인 부분집합의 개수는 ${}_8C_7$
따라서 구하는 부분집합의 개수는
${}_8C_1+{}_8C_3+{}_8C_5+{}_8C_7=2^7=128$

답 ④

07

$\left(x+\frac{2}{x}\right)^8$의 전개식의 일반항은
${}_8C_r x^{8-r}\left(\frac{2}{x}\right)^r={}_8C_r 2^r\frac{x^{8-r}}{x^r}$
x^4항은 $r=2$일 때이므로 x^4의 계수는
${}_8C_2\times2^2=28\times4=112$

답 ②

08

$(x+a)^5$의 전개식에서 일반항은
${}_5C_r x^{5-r}a^r$
x^3항은 $r=2$일 때 나타나고, x^4항은 $r=1$일 때 나타난다.
x^3의 계수는 ${}_5C_2 a^2=10a^2$
x^4의 계수는 ${}_5C_1 a=5a$
따라서 $10a^2=5a$이므로
$10a^2-5a=0$, $5a(2a-1)=0$
이때, a는 양수이므로 $a=\frac{1}{2}$
$\therefore 60a=30$

답 30

01 확률의 뜻과 활용

내신&수능 빈출 유형

본문 21~23쪽

유형 01

한 개의 주사위를 두 번 던질 때 모든 경우의 수는

$6\times6=36$

$\frac{b}{a}$가 정수인 경우는

$a=1$일 때, $b=1,\ 2,\ 3,\ 4,\ 5,\ 6$

$a=2$일 때, $b=2,\ 4,\ 6$

$a=3$일 때, $b=3,\ 6$

$a=4$일 때, $b=4$

$a=5$일 때, $b=5$

$a=6$일 때, $b=6$

따라서 $\frac{b}{a}$가 정수인 경우의 수는

$6+3+2+1+1+1=14$

이므로 구하는 확률은

$\frac{14}{36}=\frac{7}{18}$

답 ①

01-1

한 개의 주사위를 두 번 던질 때 모든 경우의 수는

$6\times6=36$

x에 대한 일차방정식 $ax+b=0$의 근은 $x=-\frac{b}{a}\ (a\neq0)$이고,

$-\frac{b}{a}>-2$이어야 하므로

$b<2a$ …… ㉠

㉠을 만족시키는 경우는

$a=1$일 때, $b=1$

$a=2$일 때, $b=1,\ 2,\ 3$

$a=3$일 때, $b=1,\ 2,\ 3,\ 4,\ 5$

$a=4$일 때, $b=1,\ 2,\ 3,\ 4,\ 5,\ 6$

$a=5$일 때, $b=1,\ 2,\ 3,\ 4,\ 5,\ 6$

$a=6$일 때, $b=1,\ 2,\ 3,\ 4,\ 5,\ 6$

따라서 ㉠을 만족시키는 경우의 수는

$1+3+5+3\times6=27$

이므로 구하는 확률은

$\frac{27}{36}=\frac{3}{4}$

답 ⑤

유형 02

9명의 학생을 일렬로 세우는 경우의 수는 $9!$

(i) 1학년 학생끼리 이웃하게 세우는 경우

1학년 학생 3명을 묶어서 한 사람으로 생각하면 7명을 일렬로 세우는 경우의 수는 $7!$이고, 1학년 학생 3명끼리 자리를 바꾸는 경우의 수는 $3!$이므로 1학년 학생 3명이 이웃하게 세우는 경우의 수는 $7!\times3!$

따라서 구하는 확률은

$\frac{7!\times3!}{9!}=\frac{1}{12}$ $\quad\therefore p=\frac{1}{12}$

(ii) 3학년 학생끼리 이웃하지 않게 세우는 경우

1학년 학생 3명과 2학년 학생 4명을 일렬로 세우는 경우의 수는 $7!$이고, 1학년, 2학년 학생 7명의 사이사이와 양 끝의 8개의 자리 중 두 자리에 3학년 학생 2명을 세우는 경우의 수는 ${}_8P_2$이므로 3학년 학생 2명이 이웃하지 않게 세우는 경우의 수는 $7!\times{}_8P_2$

따라서 구하는 확률은

$\frac{7!\times{}_8P_2}{9!}=\frac{7}{9}$ $\quad\therefore q=\frac{7}{9}$

(i), (ii)에서

$p+q=\frac{1}{12}+\frac{7}{9}=\frac{31}{36}$

답 ①

02-1

8명이 원탁에 둘러앉는 경우의 수는

$(8-1)!=7!$

남학생 4명이 원탁에 둘러앉는 경우의 수는 $(4-1)!=3!$이고, 남학생 4명 사이사이에 있는 4개의 자리에 여학생 4명이 앉는 경우의 수는 $4!$이므로 남학생과 여학생이 서로 번갈아 앉는 경우의 수는

$3!\times4!$

따라서 구하는 확률은

$\frac{3!\times4!}{7!}=\frac{1}{35}$

답 ③

02-2

7명을 일렬로 세우는 경우의 수는 $7!$

어른 5명을 일렬로 세우는 경우의 수는 $5!$

앞에서부터 두 자리에는 어른을 세워야 하므로 앞에서부터 두 자리의 어른 2명을 제외한 나머지 어른 3명의 사이사이와 양 끝에 있는 4개의 × 중에서 2개의 ×를 택하여 어린이 2명을 세우는 경우의 수는 ${}_4P_2$

○○×○×○×○×
(고정: ○○)

따라서 구하는 확률은

$\frac{5!\times{}_4P_2}{7!}=\frac{2}{7}$

답 ③

유형 03

다섯 개의 숫자 1, 2, 3, 4, 5에서 중복을 허용하여 만들 수 있는 모든 세 자리 자연수의 개수는 ${}_5\Pi_3=5^3=125$

홀수인 세 자리 자연수의 개수는 ${}_5\Pi_2\times3=5^2\times3=75$

따라서 구하는 확률은

$\frac{75}{125}=\frac{3}{5}$

답 $\frac{3}{5}$

03-1

A지점에서 B지점까지 최단 거리로 이동하는 방법의 수는

$\frac{8!}{4!\times4!}=70$

A지점에서 P지점까지 최단 거리로 이동하는 방법의 수는 $\frac{3!}{2!}=3$이고, Q지점에서 B지점까지 최단 거리로 이동하는 방법의 수는

$\frac{4!}{2!\times2!}=6$이므로 선분 PQ를 거쳐서 이동하는 방법의 수는

$3\times6=18$

따라서 구하는 확률은

$\frac{18}{70}=\frac{9}{35}$ 답 ①

유형 04

9개의 공 중에서 4개를 꺼내는 경우의 수는

${}_9C_4=126$

흰 공 5개 중에서 3개를 꺼내고, 검은 공 4개 중에서 1개를 꺼내는 경우의 수는

${}_5C_3\times{}_4C_1=40$

따라서 구하는 확률은

$\frac{40}{126}=\frac{20}{63}$

이므로 $p=63$, $q=20$

$\therefore p+q=63+20=83$ 답 ④

04-1

10개의 원소 중에서 3개를 택하는 경우의 수는

${}_{10}C_3=120$

세 원소의 곱이 홀수이려면 세 원소가 모두 홀수이어야 하므로 5개의 홀수 중에서 3개를 택하는 경우의 수는 ${}_5C_3=10$

따라서 구하는 확률은

$\frac{10}{120}=\frac{1}{12}$ 답 ①

04-2

9개의 공 중에서 2개를 꺼내는 경우의 수는 ${}_9C_2=36$

흰 공의 개수를 n이라 하면 꺼낸 2개의 공이 모두 흰 공인 경우의 수는 ${}_nC_2$

이때, 꺼낸 공 2개가 모두 흰 공일 확률이 $\frac{1}{6}$이므로

$\frac{{}_nC_2}{{}_9C_2}=\frac{1}{6}$에서 ${}_nC_2=6$

$n(n-1)=12=4\times3 \qquad \therefore n=4$

따라서 흰 공의 개수는 4이다. 답 4

유형 05

$a=b$인 사건을 A, $b=c$인 사건을 B라 하자.

한 개의 주사위를 세 번 던질 때 나오는 모든 경우의 수는

$6\times6\times6=216$

$a=b$인 경우는 6가지이고, 그 각각의 경우에 대하여 c가 될 수 있는 수는 6가지이므로

$\mathrm{P}(A)=\frac{6\times6}{216}=\frac{1}{6}$

$b=c$인 경우는 6가지이고, 그 각각의 경우에 대하여 a가 될 수 있는 수는 6가지이므로

$\mathrm{P}(B)=\frac{6\times6}{216}=\frac{1}{6}$

이때, $a=b=c$인 경우는 6가지이므로

$\mathrm{P}(A\cap B)=\frac{6}{216}=\frac{1}{36}$

$\therefore \mathrm{P}(A\cup B)=\mathrm{P}(A)+\mathrm{P}(B)-\mathrm{P}(A\cap B)$

$=\frac{1}{6}+\frac{1}{6}-\frac{1}{36}=\frac{11}{36}$ 답 ④

05-1

12장의 카드 중에서 3장을 꺼내는 경우의 수는 ${}_{12}C_3$

세 수의 합이 홀수가 되려면 (짝수)+(짝수)+(홀수)이거나 (홀수)+(홀수)+(홀수)이어야 한다.

12장의 카드 중에서 꺼낸 3장의 카드가 (짝수), (짝수), (홀수)인 사건을 A, (홀수), (홀수), (홀수)인 사건을 B라 하면

$\mathrm{P}(A)=\frac{{}_6C_2\times{}_6C_1}{{}_{12}C_3}=\frac{9}{22}$, $\mathrm{P}(B)=\frac{{}_6C_3}{{}_{12}C_3}=\frac{1}{11}$

이때, 두 사건 A, B는 서로 배반사건이므로 구하는 확률은

$\mathrm{P}(A\cup B)=\mathrm{P}(A)+\mathrm{P}(B)$

$=\frac{9}{22}+\frac{1}{11}=\frac{1}{2}$ 답 ⑤

유형 06

20개의 제비 중에서 3개를 뽑는 경우의 수는 ${}_{20}C_3$

20개의 제비 중에서 3개를 뽑을 때, 적어도 한 개의 당첨 제비를 뽑는 사건을 A라 하면 A^C은 3개 모두 당첨 제비가 아닌 것만 뽑는 사건이다.

이때, 3개 모두 당첨 제비가 아닌 것만 뽑는 경우의 수는 ${}_{17}C_3$이므로

$\mathrm{P}(A^C)=\frac{{}_{17}C_3}{{}_{20}C_3}=\frac{34}{57}$

$\therefore \mathrm{P}(A)=1-\mathrm{P}(A^C)=1-\frac{34}{57}=\frac{23}{57}$ 답 ②

06-1

9개의 구슬 중에서 3개를 꺼내는 경우의 수는 ${}_9C_3$

꺼낸 구슬에 3의 배수가 적힌 구슬이 포함되는 사건을 A라 하면 A^C은 꺼낸 구슬에 3의 배수가 적힌 구슬이 포함되지 않는 사건이다.

이때, 3의 배수가 아닌 수가 적힌 6개의 구슬 중에서 3개의 구슬을 동시에 꺼내는 경우의 수는 ${}_6C_3$이므로

$\mathrm{P}(A^C)=\frac{{}_6C_3}{{}_9C_3}=\frac{5}{21}$

$\therefore \mathrm{P}(A)=1-\mathrm{P}(A^C)=1-\frac{5}{21}=\frac{16}{21}$ 답 ①

06-2

8명의 아이들이 일렬로 서는 경우의 수는 $8!$

적어도 2명의 남자아이가 서로 이웃하게 서는 사건을 A라 하면 A^C은 어떤 남자아이도 서로 이웃하지 않게 서는 사건이다.

어떤 남자아이도 서로 이웃하지 않게 서는 경우의 수는 여자아이 5명이 일렬로 서고, 여자아이의 사이사이와 양 끝에 있는 6개의 자리 중 3자리에 남자아이 3명이 서는 경우의 수와 같으므로

$5!\times{}_6P_3$

따라서 $P(A^C)=\frac{5!\times{}_6P_3}{8!}=\frac{5}{14}$이므로

$P(A)=1-P(A^C)=1-\frac{5}{14}=\frac{9}{14}$ 답 ③

빈출 유형 마무리 본문 24~25쪽

01 ③	**02** ④	**03** ①	**04** ③	**05** ④	**06** 133
07 ④	**08** ③	**09** 15	**10** 279	**11** ①	**12** ④
13 ③	**14** ⑤	**15** 11			

01

집합 $A=\{1, 2, 3, \cdots, 9, 10\}$의 부분집합의 개수는 2^{10}

이 중에서 소수인 원소 2, 3, 5, 7을 모두 포함하는 부분집합의 개수는 네 원소 2, 3, 5, 7을 제외한 나머지 6개의 원소로 만든 부분집합의 개수와 같으므로 $2^{10-4}=2^6$

따라서 구하는 확률은

$\frac{2^6}{2^{10}}=\frac{1}{16}$ 답 ③

02

5개의 숫자 1, 1, 2, 2, 3을 일렬로 나열하는 경우의 수는

$\frac{5!}{2!2!}=30$

5개의 숫자 1, 1, 2, 2, 3에서 홀수 1, 1, 3을 하나의 숫자로 생각하면 3개의 숫자를 일렬로 나열하는 경우의 수는

$\frac{3!}{2!}=3$

이때, 1, 1, 3을 일렬로 나열하는 경우의 수는 $\frac{3!}{2!}=3$이므로 홀수끼리 모두 이웃하는 경우의 수는 $3\times3=9$

따라서 구하는 확률은

$\frac{9}{30}=\frac{3}{10}$ 답 ④

03

8개의 색을 8개의 영역에 모두 칠하는 경우의 수는

$(8-1)!=7!$

빨간색을 한 영역에 칠하면 파란색을 칠할 영역이 맞은편 영역으로 정해지고, 나머지 6개의 영역 중에서 노란색을 칠할 영역을 정하면 초록색을 칠할 영역이 정해진다.

이때, 나머지 6개의 영역에 노란색을 칠하는 경우의 수는 6이고, 노란색을 칠한 영역의 맞은편의 영역을 제외한 나머지 4개의 영역에 4개의 색을 칠하는 경우의 수는 $4!$이므로 빨간색을 칠한 영역의 맞은편 영역에 파란색, 노란색을 칠한 영역의 맞은편 영역에 초록색을 칠하는 경우의 수는 $6\times4!$

따라서 구하는 확률은

$\frac{6\times4!}{7!}=\frac{1}{35}$ 답 ①

04

10장의 카드 중에서 5장을 뽑는 경우의 수는 ${}_{10}C_5$

뽑은 카드 5장에 적힌 수 중에서 두 번째로 작은 수가 4가 되는 경우는 1, 2, 3이 적힌 3장의 카드 중에서 한 장을 뽑고, 5, 6, $\cdots$, 10이 적힌 6장의 카드 중에서 3장을 뽑는 경우이므로 경우의 수는

${}_3C_1\times{}_6C_3$

따라서 구하는 확률은

$\frac{{}_3C_1\times{}_6C_3}{{}_{10}C_5}=\frac{5}{21}$ 답 ③

05

8개의 점 중에서 3개의 점을 택하는 경우의 수는

${}_8C_3=56$

원 위의 세 점을 택할 때 만들어지는 직각삼각형은 원의 지름을 빗변으로 하는 경우이다.

8개의 점 중에서 두 점을 택하여 만들 수 있는 지름은 모두 4개이고, 각 지름을 빗변으로 하는 직각삼각형이 6개씩 생기므로 만들 수 있는 직각삼각형의 개수는 $4\times6=24$

따라서 구하는 확률은

$\frac{24}{56}=\frac{3}{7}$ 답 ④

06

주사위 한 개를 6번 던지므로 모든 경우의 수는 6^6

서로 다른 눈의 수 5개를 택하는 경우의 수는 ${}_6C_5$이고, 이 5개의 수 중에서 두 번 나올 눈의 수를 택하는 경우의 수는 ${}_5C_1$이다.

또한 이 6개의 수를 일렬로 나열하는 경우의 수는 $\frac{6!}{2!}$이므로 6개의 눈의 수 중에서 5개가 서로 다른 수인 경우의 수는

${}_6C_5\times{}_5C_1\times\frac{6!}{2!}$

따라서 구하는 확률은

$\frac{{}_6C_5\times{}_5C_1\times\frac{6!}{2!}}{6^6}=\frac{25}{108}$

즉, $p=108$, $q=25$이므로

$p+q=108+25=133$ 답 133

07

5개의 숫자 1, 2, 3, 4, 5 중에서 서로 다른 4개를 택하여 만들 수 있는 네 자리 자연수의 개수는

${}_5P_4=120$

각 자리의 숫자의 합이 홀수인 경우는 1, 2, 3, 5 또는 1, 3, 4, 5

를 이용하여 네 자리 자연수를 만드는 경우이다.
1, 2, 3, 5를 이용하여 만들 수 있는 네 자리 자연수의 개수는
$4!=24$
1, 3, 4, 5를 이용하여 만들 수 있는 네 자리 자연수의 개수는
$4!=24$
따라서 구하는 확률은
$\frac{24+24}{120}=\frac{2}{5}$ 답 ④

08

$6=2\times3$이므로 6과 서로소인 수는 2의 배수도 아니고 3의 배수도 아닌 수이다.
1부터 50까지의 자연수가 적힌 50장의 카드 중에서 2의 배수가 적힌 카드를 꺼내는 사건을 A, 3의 배수가 적힌 카드를 꺼내는 사건을 B라 하면 6과 서로소인 수가 적힌 카드를 꺼낼 확률은
$P(A^C\cap B^C)$이다.
$A=\{2, 4, 6, \cdots, 50\}$에서 $P(A)=\frac{25}{50}$
$B=\{3, 6, 9, \cdots, 48\}$에서 $P(B)=\frac{16}{50}$
이때, $A\cap B$는 6의 배수가 적힌 카드를 꺼내는 사건이므로
$A\cap B=\{6, 12, 18, \cdots, 48\}$에서 $P(A\cap B)=\frac{8}{50}$
$\therefore P(A\cup B)=P(A)+P(B)-P(A\cap B)$
$=\frac{25}{50}+\frac{16}{50}-\frac{8}{50}$
$=\frac{33}{50}$
따라서 구하는 확률은
$P(A^C\cap B^C)=P((A\cup B)^C)$
$=1-P(A\cup B)$
$=1-\frac{33}{50}=\frac{17}{50}$ 답 ③

09

두 집합 $X=\{1, 2, 3\}$, $Y=\{1, 2, 3, 4, 5, 6\}$에 대하여 X에서 Y로의 함수의 개수는
${}_6\Pi_3=6^3$
$f(1)\times f(2)\times f(3)$의 값이 짝수가 되기 위해서는 $f(1)$, $f(2)$, $f(3)$ 중에서 적어도 하나는 짝수이어야 한다.
$f(1)$, $f(2)$, $f(3)$ 중에서 적어도 하나는 짝수인 사건을 A라 하면 A^C은 $f(1)$, $f(2)$, $f(3)$이 모두 홀수인 사건이다.
이때, $f(1)$, $f(2)$, $f(3)$이 모두 홀수인 경우의 수는 집합 Y의 홀수인 원소 1, 3, 5 중에서 중복을 허용하여 3개를 택하는 경우의 수와 같으므로
${}_3\Pi_3=3^3$
따라서 $P(A^C)=\frac{3^3}{6^3}=\frac{1}{8}$이므로
$P(A)=1-P(A^C)=1-\frac{1}{8}=\frac{7}{8}$
따라서 $p=8$, $q=7$이므로
$p+q=8+7=15$ 답 15

10

9명의 학생이 자리에 모두 앉는 경우의 수는
$(9-1)!\times3$
같은 학년 학생들끼리 앉은 탁자가 1개 이하인 사건을 A라 하면 A^C은 같은 학년 학생들끼리 앉은 탁자가 2개 이상인 사건, 즉 모든 탁자에 같은 학년 학생들끼리 앉는 사건이다.
같은 학년 학생끼리 묶어서 각 탁자에 한 학년씩 배정하는 경우의 수는 $(3-1)!=2!$이고, 같은 학년 학생끼리 자리를 바꾸는 경우의 수는 각각 $3!$이므로 같은 학년 학생끼리 같은 탁자에 앉는 경우의 수는
$2!\times3!\times3!\times3!$
즉, $P(A^C)=\frac{2!\times3!\times3!\times3!}{8!\times3}=\frac{1}{280}$이므로
$P(A)=1-P(A^C)=1-\frac{1}{280}=\frac{279}{280}$
따라서 $p=\frac{279}{280}$이므로
$280p=280\times\frac{279}{280}=279$ 답 279

11

10개의 공이 들어 있는 주머니에서 4개의 공을 꺼내는 경우의 수는 ${}_{10}C_4=210$
4개의 공에 적힌 수의 합이 홀수인 경우는 홀수가 적힌 공이 1개, 짝수가 적힌 공이 3개인 경우 또는 홀수가 적힌 공이 3개, 짝수가 적힌 공이 1개인 경우이다.
(i) 홀수가 적힌 공이 1개, 짝수가 적힌 공이 3개인 경우의 수는
${}_5C_1\times{}_5C_3=50$
(ii) 홀수가 적힌 공이 3개, 짝수가 적힌 공이 1개인 경우의 수는
${}_5C_3\times{}_5C_1=50$
(i), (ii)에서 4개의 공에 적힌 수의 합이 홀수인 경우의 수는
$50+50=100$
따라서 구하는 확률은
$\frac{100}{210}=\frac{10}{21}$ 답 ①

12

갑, 을이 서로 이웃하는 사건을 A, 을, 병이 서로 이웃하는 사건을 B라 하자.
8명이 일렬로 서는 경우의 수는 $8!$
갑, 을을 묶어서 한 사람으로 생각하면 7명이 일렬로 서는 경우의 수는 $7!$이고, 갑, 을이 자리를 바꾸는 경우의 수는 2이므로 갑, 을이 서로 이웃하는 경우의 수는
$7!\times2$
$\therefore P(A)=\frac{7!\times2}{8!}=\frac{1}{4}$
마찬가지 방법으로 $P(B)=\frac{7!\times2}{8!}=\frac{1}{4}$
이때, 사건 $A\cap B$는 갑, 을, 병 또는 병, 을, 갑 순으로 이웃하는 사건이다. 갑, 을, 병을 묶어서 한 사람으로 생각하면 6명이 일렬로 서는 경우의 수는 $6!$이므로 갑, 을, 병 또는 병, 을, 갑 순으로 이웃하는 경우의 수는 $6!\times2$

따라서 $P(A\cap B)=\frac{6!\times2}{8!}=\frac{1}{28}$이므로

$P(A\cup B)=P(A)+P(B)-P(A\cap B)$

$=\frac{1}{4}+\frac{1}{4}-\frac{1}{28}=\frac{13}{28}$

답 ④

13

적어도 한 사람은 자신의 모자를 가지는 사건을 E라 하면 E^C은 세 사람 중 어느 누구도 자신의 모자를 갖지 못하는 사건이다.
세 사람이 상자를 한 개씩 갖는 방법의 수는 $3!=6$
세 사람을 A, B, C라 하고 각자의 모자를 각각 a, b, c라 할 때, 세 사람 중에서 어느 누구도 자신의 모자를 갖지 못하는 경우는 다음과 같이 2가지가 있다.

사람	A	B	C
모자	b	c	a

사람	A	B	C
모자	c	a	b

따라서 어느 누구도 자신의 모자를 갖지 못할 확률은

$P(E^C)=\frac{2}{6}=\frac{1}{3}$

이므로 적어도 한 사람이 자신의 모자를 가질 확률은

$P(E)=1-P(E^C)=1-\frac{1}{3}=\frac{2}{3}$

답 ③

14

지구대 경찰관 9명 중에서 임의로 3명을 동시에 귀가도우미로 선택할 때, 근무조 A와 근무조 B에서 적어도 1명씩 선택되는 사건을 A라 하면 A^C은 근무조 A에서만 3명이 귀가도우미로 선택되거나 근무조 B에서만 3명이 귀가도우미로 선택되는 사건이다.

따라서 $P(A^C)=\frac{{}_5C_3+{}_4C_3}{{}_9C_3}=\frac{10+4}{84}=\frac{1}{6}$이므로

$P(A)=1-P(A^C)=1-\frac{1}{6}=\frac{5}{6}$

답 ⑤

15

갑은 주머니 A에서, 을은 주머니 B에서 각자 임의로 두 장의 카드를 꺼내는 경우의 수는
${}_4C_2\times{}_4C_2=36$
갑이 가진 두 장의 카드에 적힌 수의 합과 을이 가진 두 장의 카드에 적힌 수의 합이 같은 경우는 다음과 같다.

(i) 갑과 을이 가진 두 장의 카드에 적힌 수가 모두 같은 경우의 수는 ${}_4C_2\times1=6$
(ii) 갑과 을 중에서 한 명이 1, 4가 적힌 카드를 꺼내고 다른 한 명이 2, 3이 적힌 카드를 꺼내는 경우의 수는 2

(i), (ii)에서 갑이 가진 두 장의 카드에 적힌 수의 합과 을이 가진 두 장의 카드에 적힌 수의 합이 같은 경우의 수는
$6+2=8$

따라서 구하는 확률은 $\frac{8}{36}=\frac{2}{9}$이므로

$p=9,\ q=2 \qquad \therefore p+q=11$

답 11

02 조건부확률

내신&수능 빈출 유형

본문 27~30쪽

유형 01

$P(A|B)=\frac{P(A\cap B)}{P(B)}=\frac{1}{4}$, $P(B)=\frac{2}{7}$이므로

$P(A\cap B)=\frac{1}{4}\times\frac{2}{7}=\frac{1}{14}$

이때, $P(A\cup B)=\frac{5}{7}$이므로

$P(A\cup B)=P(A)+P(B)-P(A\cap B)$에서

$\frac{5}{7}=P(A)+\frac{2}{7}-\frac{1}{14}$

$\therefore P(A)=\frac{1}{2}$

$\therefore P(B|A)=\frac{P(A\cap B)}{P(A)}=\frac{\frac{1}{14}}{\frac{1}{2}}=\frac{1}{7}$

답 ①

01-1

$P(A|B)=\frac{P(A\cap B)}{P(B)}=\frac{1}{2}$, $P(B)=\frac{1}{3}$이므로

$P(A\cap B)=\frac{1}{2}\times\frac{1}{3}=\frac{1}{6}$

이때, $P(B|A)=\frac{P(A\cap B)}{P(A)}=\frac{2}{3}$에서

$P(A)=\frac{P(A\cap B)}{P(B|A)}=\frac{\frac{1}{6}}{\frac{2}{3}}=\frac{1}{4}$

$\therefore P(B|A^C)=\frac{P(A^C\cap B)}{P(A^C)}$

$=\frac{P(B)-P(A\cap B)}{1-P(A)}$

$=\frac{\frac{1}{3}-\frac{1}{6}}{1-\frac{1}{4}}$

$=\frac{2}{9}$

보충 설명

두 사건 A, B에 대하여
$P(B)=P(A^C\cap B)+P(A\cap B)$
$\therefore P(A^C\cap B)=P(B)-P(A\cap B)$

답 ②

유형 02

서로 다른 두 개의 주사위를 동시에 던질 때, 나오는 두 눈의 수의 합이 10 이상인 사건을 A, 곱이 5의 배수인 사건을 B라 하자.

서로 다른 두 개의 주사위를 동시에 던질 때, 모든 경우의 수는
$6\times6=36$

(i) 두 눈의 수의 합이 10인 경우
  (4, 6), (5, 5), (6, 4)의 3가지

(ii) 두 눈의 수의 합이 11인 경우
  (5, 6), (6, 5)의 2가지

(iii) 두 눈의 수의 합이 12인 경우
  (6, 6)의 1가지

(i)~(iii)에서 두 눈의 수의 합이 10 이상인 경우의 수는 6이므로

$\mathrm{P}(A)=\frac{6}{36}=\frac{1}{6}$

이때, 두 눈의 수의 합이 10 이상이고 곱이 5의 배수인 경우는
(5, 5), (5, 6), (6, 5)의 3가지이므로

$\mathrm{P}(A\cap B)=\frac{3}{36}=\frac{1}{12}$

따라서 구하는 확률은

$$\mathrm{P}(B|A)=\frac{\mathrm{P}(A\cap B)}{\mathrm{P}(A)}=\frac{\frac{1}{12}}{\frac{1}{6}}=\frac{1}{2}$$ 답 ③

02-1

통근 수단이 대중교통인 직원을 택하는 사건을 A, 통근 거리가 20 km 미만인 직원을 택하는 사건을 B라 하면

$\mathrm{P}(A)=\frac{56+68}{230}=\frac{124}{230}=\frac{62}{135}$

이때, $\mathrm{P}(A\cap B)$는 통근 수단은 대중교통이면서 통근 거리가 20 km 미만인 직원을 택할 확률이므로

$\mathrm{P}(A\cap B)=\frac{56}{230}=\frac{28}{135}$

따라서 구하는 확률은

$$\mathrm{P}(B|A)=\frac{\mathrm{P}(A\cap B)}{\mathrm{P}(A)}=\frac{\frac{28}{135}}{\frac{62}{135}}=\frac{14}{31}$$ 답 ③

02-2

두 영화 A, B의 관람 여부를 표로 나타내면 다음과 같다.

(단위 : 명)

	남학생	여학생	합계
A	9	8	17
B	12	6	18
합계	21	14	35

A영화를 관람한 학생을 뽑는 사건을 M, 여학생을 뽑는 사건을 N이라 하면 $\mathrm{P}(M)=\frac{17}{35}$

이때, $\mathrm{P}(M\cap N)$은 임의로 뽑은 한 명이 A영화를 관람한 여학생일 확률이므로 $\mathrm{P}(M\cap N)=\frac{8}{35}$

$$\therefore \mathrm{P}(N|M)=\frac{\mathrm{P}(M\cap N)}{\mathrm{P}(M)}=\frac{\frac{8}{35}}{\frac{17}{35}}=\frac{8}{17}$$

따라서 $p=\frac{8}{17}$이므로

$34p=34\times\frac{8}{17}=16$ 답 16

유형 03

갑이 검은 공을 뽑는 사건을 A, 을이 검은 공을 뽑는 사건을 B라 하면

$\mathrm{P}(A)=\frac{8}{20}=\frac{2}{5}$, $\mathrm{P}(B|A)=\frac{7}{19}$

따라서 구하는 확률은

$\mathrm{P}(A\cap B)=\mathrm{P}(A)\mathrm{P}(B|A)=\frac{2}{5}\times\frac{7}{19}=\frac{14}{95}$ 답 ①

03-1

빨간 주머니를 택하는 사건을 A, 흰 공을 꺼내는 사건을 B라 하면

$\mathrm{P}(A)=\frac{1}{2}$, $\mathrm{P}(B|A)=\frac{5}{9}$

따라서 구하는 확률은

$\mathrm{P}(A\cap B)=\mathrm{P}(A)\mathrm{P}(B|A)=\frac{1}{2}\times\frac{5}{9}=\frac{5}{18}$ 답 ④

유형 04

철수가 당첨 제비를 뽑는 사건을 A, 민주가 당첨 제비를 뽑는 사건을 B라 하자.

(i) 철수가 당첨 제비를 뽑을 확률은
  $\mathrm{P}(A)=\frac{5}{20}=\frac{1}{4}$
  철수가 당첨 제비를 뽑았을 때, 민주도 당첨 제비를 뽑을 확률은
  $\mathrm{P}(B|A)=\frac{4}{19}$
  따라서 철수와 민주 모두 당첨 제비를 뽑을 확률은
  $\mathrm{P}(A\cap B)=\mathrm{P}(A)\mathrm{P}(B|A)=\frac{1}{4}\times\frac{4}{19}=\frac{1}{19}$

(ii) 철수가 당첨 제비를 뽑지 못할 확률은
  $\mathrm{P}(A^C)=\frac{15}{20}=\frac{3}{4}$
  철수가 당첨 제비를 뽑지 못했을 때, 민주는 당첨 제비를 뽑을 확률은
  $\mathrm{P}(B|A^C)=\frac{5}{19}$
  따라서 철수는 당첨 제비를 뽑지 못하고, 민주는 당첨 제비를 뽑을 확률은
  $\mathrm{P}(A^C\cap B)=\mathrm{P}(A^C)\mathrm{P}(B|A^C)=\frac{3}{4}\times\frac{5}{19}=\frac{15}{76}$

(i), (ii)에서 민주가 당첨 제비를 뽑을 확률은

$\mathrm{P}(B)=\mathrm{P}(A\cap B)+\mathrm{P}(A^C\cap B)$
$=\frac{1}{19}+\frac{15}{76}=\frac{1}{4}$ 답 ②

04-1

첫 번째 자유투를 성공하는 사건을 A, 두 번째 자유투를 성공하는

사건을 B라 하자.

(i) 첫 번째 자유투를 성공할 확률은

$\mathrm{P}(A)=\frac{7}{10}$

첫 번째 자유투를 성공했을 때, 두 번째 자유투도 성공할 확률은

$\mathrm{P}(B|A)=\frac{4}{5}$

따라서 첫 번째 자유투와 두 번째 자유투를 모두 성공할 확률은

$\mathrm{P}(A\cap B)=\mathrm{P}(A)\mathrm{P}(B|A)=\frac{7}{10}\times\frac{4}{5}=\frac{14}{25}$

(ii) 첫 번째 자유투를 실패할 확률은

$\mathrm{P}(A^C)=\frac{3}{10}$

첫 번째 자유투를 실패했을 때, 두 번째 자유투도 실패할 확률은 $\frac{3}{5}$이므로 첫 번째 자유투를 실패했을 때, 두 번째 자유투는 성공할 확률은

$\mathrm{P}(B|A^C)=\frac{2}{5}$

따라서 첫 번째 자유투는 실패하고, 두 번째 자유투는 성공할 확률은

$\mathrm{P}(A^C\cap B)=\mathrm{P}(A^C)\mathrm{P}(B|A^C)=\frac{3}{10}\times\frac{2}{5}=\frac{3}{25}$

(i), (ii)에서 두 번째 자유투를 성공할 확률은

$$\begin{aligned}\mathrm{P}(B)&=\mathrm{P}(A\cap B)+\mathrm{P}(A^C\cap B)\\&=\frac{14}{25}+\frac{3}{25}\\&=\frac{17}{25}\end{aligned}$$

답 ⑤

04-2

동전을 던져서 앞면이 나오는 사건을 A, 주사위를 던져서 소수의 눈이 1번 나오는 사건을 E라 하면

$\mathrm{P}(A\cap E)=\mathrm{P}(A)\mathrm{P}(E|A)=\frac{1}{2}\times\frac{{}_3\mathrm{C}_1\times{}_3\mathrm{C}_1\times 2}{6\times 6}=\frac{1}{4}$

$\mathrm{P}(A^C\cap E)=\mathrm{P}(A^C)\mathrm{P}(E|A^C)=\frac{1}{2}\times\frac{3}{6}=\frac{1}{4}$

$\therefore \mathrm{P}(E)=\mathrm{P}(A\cap E)+\mathrm{P}(A^C\cap E)=\frac{1}{4}+\frac{1}{4}=\frac{1}{2}$

답 ③

유형 05

주머니 A를 택하는 사건을 A, 주머니 B를 택하는 사건을 B, 2개 모두 같은 색의 공을 꺼내는 사건을 E라 하면

$\mathrm{P}(A\cap E)=\mathrm{P}(A)\mathrm{P}(E|A)=\frac{1}{2}\times\frac{{}_2\mathrm{C}_2+{}_4\mathrm{C}_2}{{}_6\mathrm{C}_2}=\frac{7}{30}$

$\mathrm{P}(B\cap E)=\mathrm{P}(B)\mathrm{P}(E|B)=\frac{1}{2}\times\frac{{}_3\mathrm{C}_2+{}_2\mathrm{C}_2}{{}_5\mathrm{C}_2}=\frac{1}{5}$

$\therefore \mathrm{P}(E)=\mathrm{P}(A\cap E)+\mathrm{P}(B\cap E)=\frac{7}{30}+\frac{1}{5}=\frac{13}{30}$

따라서 구하는 확률은

$\mathrm{P}(B|E)=\frac{\mathrm{P}(B\cap E)}{\mathrm{P}(E)}=\frac{\frac{1}{5}}{\frac{13}{30}}=\frac{6}{13}$

답 ④

05-1

안경을 쓰는 학생을 택하는 사건을 A, 하루 2시간 이상 스마트폰을 사용하는 학생을 택하는 사건을 E라 하면

$\mathrm{P}(A\cap E)=\mathrm{P}(A)\mathrm{P}(E|A)=\frac{1}{3}\times\frac{4}{5}=\frac{4}{15}$

$\mathrm{P}(A^C\cap E)=\mathrm{P}(A^C)\mathrm{P}(E|A^C)=\frac{2}{3}\times\frac{1}{2}=\frac{1}{3}$

$$\begin{aligned}\therefore \mathrm{P}(E)&=\mathrm{P}(A\cap E)+\mathrm{P}(A^C\cap E)\\&=\frac{4}{15}+\frac{1}{3}=\frac{3}{5}\end{aligned}$$

따라서 구하는 확률은

$\mathrm{P}(A|E)=\frac{\mathrm{P}(A\cap E)}{\mathrm{P}(E)}=\frac{\frac{4}{15}}{\frac{3}{5}}=\frac{4}{9}$

답 ①

유형 06

$\mathrm{P}(A)=\frac{1}{2}$, $\mathrm{P}(B)=\frac{1}{2}$, $\mathrm{P}(C)=\frac{1}{2}$, $\mathrm{P}(A\cap B)=\frac{1}{4}$,

$\mathrm{P}(B\cap C)=\frac{1}{4}$, $\mathrm{P}(A\cap C)=\frac{1}{4}$

ㄱ. $\mathrm{P}(A\cap B)=\mathrm{P}(A)\mathrm{P}(B)$이므로 A와 B는 서로 독립이다.

ㄴ. $\mathrm{P}(B\cap C)=\mathrm{P}(B)\mathrm{P}(C)$이므로 B와 C는 서로 독립이다.

ㄷ. $\mathrm{P}(A\cap C)=\mathrm{P}(A)\mathrm{P}(C)$이므로 A와 C는 서로 독립이다.

따라서 서로 독립인 사건은 ㄱ, ㄴ, ㄷ이다.

답 ⑤

06-1

$A=\{2, 4, 6, 8, 10, 12\}$, $B=\{3, 5, 7, 11\}$, $C=\{3, 6, 9, 12\}$이므로

$\mathrm{P}(A)=\frac{1}{2}$, $\mathrm{P}(B)=\frac{1}{3}$, $\mathrm{P}(C)=\frac{1}{3}$

ㄱ. $A\cap B=\varnothing$, $B\cap C=\{3\}$, $A\cap C=\{6, 12\}$이므로

$\mathrm{P}(A\cap B)=0$, $\mathrm{P}(B\cap C)=\frac{1}{12}$, $\mathrm{P}(A\cap C)=\frac{1}{6}$

$\therefore \mathrm{P}(A\cap B)<\mathrm{P}(B\cap C)<\mathrm{P}(A\cap C)$ (참)

ㄴ. $\mathrm{P}(B\cap C)=\frac{1}{12}$, $\mathrm{P}(B)\mathrm{P}(C)=\frac{1}{9}$이므로

$\mathrm{P}(B\cap C)\neq\mathrm{P}(B)\mathrm{P}(C)$

즉, 두 사건 B, C는 서로 종속이다. (거짓)

ㄷ. $\mathrm{P}(A\cap C)=\mathrm{P}(A)\mathrm{P}(C)=\frac{1}{6}$이므로 두 사건 A, C는 서로 독립이다. (참)

따라서 옳은 것은 ㄱ, ㄷ이다.

답 ③

유형 07

두 주머니 A, B 중 적어도 한쪽에서 검은 공이 1개 이상 나오는 사건을 E라 하면 E^C은 두 주머니 A, B 모두에서 흰 공이 2개 나오는 사건이다.

(i) 주머니 A에서 흰 공이 2개 나올 확률은

$$\frac{{}_4C_2}{{}_7C_2}=\frac{6}{21}=\frac{2}{7}$$

(ii) 주머니 B에서 흰 공이 2개 나올 확률은

$$\frac{{}_2C_2}{{}_5C_2}=\frac{1}{10}$$

(i), (ii)에서 구하는 확률은

$$P(E)=1-P(E^C)$$
$$=1-\frac{2}{7}\times\frac{1}{10}=\frac{34}{35}$$

답 ⑤

07-1

민희가 우승하는 경우의 확률은 다음과 같다.

(i) 민희가 1회, 2회에서 이길 확률은

$$\frac{3}{5}\times\frac{3}{5}=\frac{9}{25}$$

(ii) 민희가 1회에서 지고 2회, 3회에서 이길 확률은

$$\frac{2}{5}\times\frac{3}{5}\times\frac{3}{5}=\frac{18}{125}$$

(iii) 민희가 2회에서 지고 1회, 3회에서 이길 확률은

$$\frac{3}{5}\times\frac{2}{5}\times\frac{3}{5}=\frac{18}{125}$$

(i)~(iii)에서 구하는 확률은

$$\frac{9}{25}+\frac{18}{125}+\frac{18}{125}=\frac{81}{125}$$

답 ④

유형 08

적어도 한 번은 자유투를 성공하는 사건을 A라 하면 A^C은 자유투를 5번 모두 실패하는 사건이다.

이때, 자유투를 성공할 확률이 $\frac{3}{4}$이므로 자유투를 5번 모두 실패할 확률은

$$P(A^C)=\left(\frac{1}{4}\right)^5=\frac{1}{1024}$$

따라서 구하는 확률은

$$P(A)=1-P(A^C)=1-\frac{1}{1024}=\frac{1023}{1024}$$

답 ⑤

08-1

어떤 수험생이 이 시험에서 합격하는 경우의 확률은 다음과 같다.

(i) 10문제 중 8문제를 맞힐 확률은

$${}_{10}C_8\left(\frac{1}{2}\right)^8\left(\frac{1}{2}\right)^2=\frac{45}{1024}$$

(ii) 10문제 중 9문제를 맞힐 확률은

$${}_{10}C_9\left(\frac{1}{2}\right)^9\left(\frac{1}{2}\right)^1=\frac{10}{1024}$$

(iii) 10문제 중 10문제를 모두 맞힐 확률은

$$\left(\frac{1}{2}\right)^{10}=\frac{1}{1024}$$

(i)~(iii)에서 구하는 확률은

$$\frac{45}{1024}+\frac{10}{1024}+\frac{1}{1024}=\frac{56}{1024}=\frac{7}{128}$$

답 ①

08-2

갑이 이익을 내는 경우의 확률은 다음과 같다.

(i) 두 종류의 작물 재배에 성공할 확률은

$${}_3C_2\left(\frac{2}{5}\right)^2\left(\frac{3}{5}\right)^1=\frac{36}{125}$$

(ii) 세 종류의 작물 재배에 모두 성공할 확률은

$$\left(\frac{2}{5}\right)^3=\frac{8}{125}$$

(i), (ii)에서 구하는 확률은

$$\frac{36}{125}+\frac{8}{125}=\frac{44}{125}$$

따라서 $p=125$, $q=44$이므로

$$p+q=125+44=169$$

답 169

빈출 유형 마무리 본문 31~32쪽

01 ④	02 262	03 ③	04 ②	05 5	06 ②
07 30	08 ②	09 936	10 ⑤	11 173	12 ②
13 ③	14 ③				

01

$P(A)=\frac{1}{3}$, $P(B|A)=\frac{P(A\cap B)}{P(A)}=\frac{2}{5}$이므로

$$P(A\cap B)=\frac{2}{5}P(A)=\frac{2}{5}\times\frac{1}{3}=\frac{2}{15}$$

$P(B^C)=\frac{1}{3}$이므로 $P(B)=1-P(B^C)=1-\frac{1}{3}=\frac{2}{3}$

$P(A\cap B)+P(A^C\cap B)=P(B)$이므로

$$P(A^C\cap B)=P(B)-P(A\cap B)=\frac{2}{3}-\frac{2}{15}=\frac{8}{15}$$

$$\therefore P(A^C|B)=\frac{P(A^C\cap B)}{P(B)}=\frac{\frac{8}{15}}{\frac{2}{3}}=\frac{4}{5}$$

답 ④

02

두 양궁 선수 A, B 중에 선수 A를 택하는 사건을 A, 두 번 쏜 화살이 모두 10점 과녁에 명중하는 사건을 E라 하면

$$P(A\cap E)=P(A)P(E|A)=\frac{1}{2}\times\left(\frac{3}{5}\right)^2=\frac{9}{50}$$

$$P(A^C\cap E)=P(A^C)P(E|A^C)=\frac{1}{2}\times\left(\frac{2}{3}\right)^2=\frac{2}{9}$$

$$\therefore P(E)=P(A\cap E)+P(A^C\cap E)=\frac{9}{50}+\frac{2}{9}=\frac{181}{450}$$

따라서 구하는 확률은

$$P(A|E)=\frac{P(A\cap E)}{P(E)}=\frac{\frac{9}{50}}{\frac{181}{450}}=\frac{81}{181}$$

이므로 $p=181$, $q=81$

$\therefore p+q=181+81=262$

답 262

03

빵소니 차량이 자가용 차량인 사건을 A, 영업용 차량인 사건을 B, 목격자가 자가용 차량이라고 증언하는 사건을 E라 하면

$P(A)=\frac{7}{10}$, $P(B)=\frac{3}{10}$

실제로 빵소니 차량이 자가용 차량일 때, 목격자가 빵소니 차량이 자가용 차량이라고 증언할 확률은 $P(E|A)=\frac{8}{10}$이므로

$$P(A\cap E)=P(A)P(E|A)=\frac{7}{10}\times\frac{8}{10}=\frac{14}{25}$$

또한 빵소니 차량이 영업용 차량일 때, 목격자가 자가용 차량이라고 증언할 확률은 $P(E|B)=\frac{2}{10}$이므로

$$P(B\cap E)=P(B)P(E|B)=\frac{3}{10}\times\frac{2}{10}=\frac{3}{50}$$

$$\therefore P(E)=P(A\cap E)+P(B\cap E)=\frac{14}{25}+\frac{3}{50}=\frac{31}{50}$$

따라서 구하는 확률은

$$P(A|E)=\frac{P(A\cap E)}{P(E)}=\frac{\frac{14}{25}}{\frac{31}{50}}=\frac{28}{31}$$

답 ③

04

3개의 주머니에서 임의로 한 개를 택할 때, 주머니 A를 택하는 사건을 A, 주머니 B를 택하는 사건을 B, 주머니 C를 택하는 사건을 C, 주머니에서 한 개의 공을 꺼낼 때 흰 공이 나오는 사건을 E라 하면

$$P(A\cap E)=P(A)P(E|A)=\frac{1}{3}\times\frac{4}{5}=\frac{4}{15}$$

$$P(B\cap E)=P(B)P(E|B)=\frac{1}{3}\times\frac{3}{5}=\frac{1}{5}$$

$$P(C\cap E)=P(C)P(E|C)=\frac{1}{3}\times\frac{2}{5}=\frac{2}{15}$$

$$\therefore P(E)=P(A\cap E)+P(B\cap E)+P(C\cap E)=\frac{4}{15}+\frac{1}{5}+\frac{2}{15}=\frac{3}{5}$$

따라서 구하는 확률은

$$P(C|E)=\frac{P(C\cap E)}{P(E)}=\frac{\frac{2}{15}}{\frac{3}{5}}=\frac{2}{9}$$

답 ②

05

형주가 바위를 내는 사건을 A, 형주가 이기는 사건을 B라 하면 형주가 이길 확률은 다음과 같다.

(i) 형주가 가위를, 정후가 보를 낼 확률은

$\frac{3}{10}\times\frac{1}{5}=\frac{3}{50}$

(ii) 형주가 바위를, 정후가 가위를 낼 확률은

$\frac{3}{10}\times\frac{1}{2}=\frac{3}{20}$

(iii) 형주가 보를, 정후가 바위를 낼 확률은

$\frac{2}{5}\times\frac{3}{10}=\frac{3}{25}$

(i)~(iii)에서 $P(B)=\frac{3}{50}+\frac{3}{20}+\frac{3}{25}=\frac{33}{100}$이고

$P(A\cap B)=\frac{3}{20}$ ($\because$ (ii))

따라서 구하는 확률은

$$P(A|B)=\frac{P(A\cap B)}{P(B)}=\frac{\frac{3}{20}}{\frac{33}{100}}=\frac{5}{11}$$

$\therefore p=\frac{5}{11}$

$\therefore 11p=11\times\frac{5}{11}=5$

답 5

06

두 사건 A, B가 서로 독립이므로

$P(A)=P(A|B)=\frac{1}{3}$

두 사건 A, B^C도 서로 독립이고, 두 사건 A^C, B도 서로 독립이므로

$$\begin{aligned}P(A\cap B^C)+P(A^C\cap B)&=P(A)P(B^C)+P(A^C)P(B)\\&=\frac{1}{3}\{1-P(B)\}+\frac{2}{3}P(B)\\&=\frac{1}{3}+\frac{1}{3}P(B)\\&=\frac{5}{12}\end{aligned}$$

$\therefore P(B)=\frac{1}{4}$

$\therefore P(A\cap B)=P(A)P(B)=\frac{1}{3}\times\frac{1}{4}=\frac{1}{12}$

답 ②

07

120명 중에서 임의로 한 명을 택할 때, B 정당 국회의원이 선택되는 사건을 A, 법안 통과에 반대하는 사람이 선택되는 사건을 E라 하면

$P(A)=\frac{40}{120}=\frac{1}{3}$, $P(E)=\frac{b+15}{120}$, $P(A\cap E)=\frac{10}{120}=\frac{1}{12}$

그런데 두 사건 A, E는 서로 독립이므로

$P(A\cap E)=P(A)P(E)$에서

$\frac{1}{12}=\frac{1}{3}\times\frac{b+15}{120}$

$b+15=30$ $\quad\therefore b=15$

이때, $a+b=60$이므로 $a=45$

$\therefore a-b=45-15=30$

답 30

08

A군이 학교, 식당, 도서관에 가는 사건을 각각 A, B, C라 하고, 휴대전화를 놓고 오는 사건을 E라 하면

(i) 학교에 휴대전화를 놓고 올 확률은

$P(A\cap E)=\frac{1}{5}$

(ii) 식당에 휴대전화를 놓고 올 확률은

$P(B\cap E)=\frac{4}{5}\times\frac{1}{5}=\frac{4}{25}$

(iii) 도서관에 휴대전화를 놓고 올 확률은

$P(C\cap E)=\frac{4}{5}\times\frac{4}{5}\times\frac{1}{5}=\frac{16}{125}$

(i)~(iii)에서

$$\begin{aligned}P(E)&=P(A\cap E)+P(B\cap E)+P(C\cap E)\\&=\frac{1}{5}+\frac{4}{25}+\frac{16}{125}=\frac{61}{125}\end{aligned}$$

따라서 구하는 확률은

$$P(C|E)=\frac{P(C\cap E)}{P(E)}=\frac{\frac{16}{125}}{\frac{61}{125}}=\frac{16}{61}$$

답 ②

09

6번째 경기에서 A팀이 우승팀이 되려면 앞의 5번의 경기 중 3번을 이기고, 6번째 경기에서 이겨야 하므로

${}_5C_3\left(\frac{3}{5}\right)^3\left(\frac{2}{5}\right)^2\times\frac{3}{5}=\frac{648}{5^5}$

마찬가지 방법으로 6번째 경기에서 B팀이 우승팀이 될 확률은

${}_5C_3\left(\frac{2}{5}\right)^3\left(\frac{3}{5}\right)^2\times\frac{2}{5}=\frac{288}{5^5}$

따라서 구하는 확률은

$\frac{648}{5^5}+\frac{288}{5^5}=\frac{936}{5^5}$

$\therefore k=936$

답 936

10

ㄱ. 두 사건 A, B가 서로 독립이면 두 사건 A^C, B도 서로 독립이므로

$P(A^C|B)=P(A^C)=1-P(A)$ (참)

ㄴ. 두 사건 A, B가 서로 독립이면 두 사건 A, B^C도 서로 독립이므로

$$\begin{aligned}P(A\cap B^C)&=P(A)P(B^C)\\&=P(A|B^C)P(B^C|A)\ (\text{참})\end{aligned}$$

ㄷ. 두 사건 A, B가 서로 독립이므로

$$\begin{aligned}P(A)P(B^C)+P(B)&=P(A)\{1-P(B)\}+P(B)\\&=P(A)-P(A)P(B)+P(B)\\&=P(A)-P(A\cap B)+P(B)\\&=P(A\cup B)\ (\text{참})\end{aligned}$$

따라서 옳은 것은 ㄱ, ㄴ, ㄷ이다.

답 ⑤

11

일반 음료 상자와 당첨 음료 상자의 비율이 8 : 2이므로 음료를 한 상자 샀을 때 그것이 당첨 음료 상자일 확률은

$\frac{2}{8+2}=\frac{1}{5}$

이때, 세 상자를 구입하여 한 상자를 추가로 받을 확률은

${}_3C_1\left(\frac{1}{5}\right)^1\left(\frac{4}{5}\right)^2=\frac{48}{125}$

따라서 $p=125$, $q=48$이므로

$p+q=125+48=173$

답 173

12

주사위 한 개를 5번 던질 때, 1 또는 2의 눈이 나오는 횟수를 x라 하면 3 이상의 눈이 나오는 횟수는 $5-x$이므로 점 P는 시계 방향으로 x번, 시계 반대 방향으로 $5-x$번 움직인다.

이때, 꼭짓점 A에서 꼭짓점 B까지 가려면 시계 방향으로 3번 움직이거나 시계 반대 방향으로 1번 또는 5번 움직여야 한다. 시계 방향을 양의 방향으로, 시계 반대 방향을 음의 방향으로 생각하면

(i) $x+(-1)\times(5-x)=3$일 때

$\therefore x=4$

즉, 점 P가 시계 방향으로 4번, 시계 반대 방향으로 1번 움직이면 되므로 이 경우의 확률은

$_5C_4\left(\frac{1}{3}\right)^4\left(\frac{2}{3}\right)^1=\frac{10}{243}$

(ii) $x+(-1)\times(5-x)=-1$일 때

$\therefore x=2$

즉, 점 P가 시계 방향으로 2번, 시계 반대 방향으로 3번 움직이면 되므로 이 경우의 확률은

$_5C_2\left(\frac{1}{3}\right)^2\left(\frac{2}{3}\right)^3=\frac{80}{243}$

(iii) $x+(-1)\times(5-x)=-5$일 때

$\therefore x=0$

즉, 점 P가 시계 방향으로 0번, 시계 반대 방향으로 5번 움직이면 되므로 이 경우의 확률은

$\left(\frac{2}{3}\right)^5=\frac{32}{243}$

(i)~(iii)에서 구하는 확률은

$\frac{10}{243}+\frac{80}{243}+\frac{32}{243}=\frac{122}{243}$ 답 ②

13

체험 학습 B를 선택한 남학생의 수를 a, 여학생의 수를 b라 하고 체험 학습 A, B의 선택 여부를 표로 나타내면 다음과 같다.

(단위 : 명)

	남자	여자	합계
체험 학습 A	90	70	160
체험 학습 B	a	b	$a+b$
합계	$90+a$	$70+b$	360

이 학교의 학생 중 임의로 뽑은 1명의 학생이 남학생인 사건을 A, 체험 학습 B를 선택한 학생인 사건을 B라 하면

$$\mathrm{P}(A|B)=\frac{\mathrm{P}(A\cap B)}{\mathrm{P}(B)}=\frac{\frac{a}{360}}{\frac{a+b}{360}}=\frac{a}{a+b}=\frac{2}{5} \quad \cdots\cdots \text{㉠}$$

이때, $160+a+b=360$이므로 $a+b=200$

이를 ㉠에 대입하여 정리하면 $a=80$

$\therefore b=120$

따라서 이 학교의 여학생의 수는

$70+b=70+120=190$ 답 ③

14

한 개의 주사위를 두 번 던질 때, 6의 눈이 한 번도 나오지 않는 사건을 A, 나온 두 눈의 수의 합이 4의 배수인 사건을 B라 하자.

한 개의 주사위를 두 번 던질 때, 모든 경우의 수는

$6\times6=36$

$\therefore \mathrm{P}(A)=\frac{5\times5}{36}=\frac{25}{36}$

6의 눈이 한 번도 나오지 않으면서 두 눈의 수의 합이 4의 배수인 경우는 다음과 같다.

(i) 두 눈의 수의 합이 4인 경우

(1, 3), (2, 2), (3, 1)의 3가지

(ii) 두 눈의 수의 합이 8인 경우

(3, 5), (4, 4), (5, 3)의 3가지

(i), (ii)에서 두 눈의 수의 합이 4의 배수인 경우의 수는 6이므로

$\mathrm{P}(A\cap B)=\frac{6}{36}=\frac{1}{6}$

따라서 구하는 확률은

$$\mathrm{P}(B|A)=\frac{\mathrm{P}(A\cap B)}{\mathrm{P}(A)}=\frac{\frac{1}{6}}{\frac{25}{36}}=\frac{6}{25}$$ 답 ③

Ⅲ. 통계

01 이산확률분포

내신&수능 빈출 유형 본문 35~38쪽

유형 01

확률의 총합은 1이므로

$P(X=1)+P(X=2)+\cdots+P(X=50)=1$

$\frac{k}{1\times 2}+\frac{k}{2\times 3}+\cdots+\frac{k}{50\times 51}=1$

$k\left\{\left(1-\frac{1}{2}\right)+\left(\frac{1}{2}-\frac{1}{3}\right)+\cdots+\left(\frac{1}{50}-\frac{1}{51}\right)\right\}=1$

$k\left(1-\frac{1}{51}\right)=1$, $\frac{50}{51}k=1$

$\therefore k=\frac{51}{50}$ 답 ④

01-1

확률의 총합은 1이므로

$\frac{1}{2}a+a+\frac{1}{2}=1$, $\frac{3}{2}a=\frac{1}{2}$ $\quad\therefore a=\frac{1}{3}$

따라서 구하는 확률은

$P(X^2=1)=P(X=-1$ 또는 $X=1)$

$=P(X=-1)+P(X=1)$

$=\frac{1}{6}+\frac{1}{2}=\frac{2}{3}$ 답 ④

유형 02

확률변수 X가 가질 수 있는 값은 0, 1, 2, 3이고 그 확률은 각각

$P(X=0)=\frac{{}_6C_3}{{}_{10}C_3}=\frac{1}{6}$,

$P(X=1)=\frac{{}_6C_2\times{}_4C_1}{{}_{10}C_3}=\frac{1}{2}$,

$P(X=2)=\frac{{}_6C_1\times{}_4C_2}{{}_{10}C_3}=\frac{3}{10}$,

$P(X=3)=\frac{{}_4C_3}{{}_{10}C_3}=\frac{1}{30}$

따라서 구하는 확률은

$P(X\geq 1)=P(X=1)+P(X=2)+P(X=3)$

$=\frac{1}{2}+\frac{3}{10}+\frac{1}{30}=\frac{5}{6}$

• 다른 풀이 •

$P(X\geq 1)=1-P(X=0)=1-\frac{1}{6}=\frac{5}{6}$ 답 ⑤

02-1

확률변수 X가 가질 수 있는 값은 2, 3, 4, 5, 6이고 그 확률은 각각

$P(X=2)=\frac{{}_2C_2}{{}_5C_2}=\frac{1}{10}$,

$P(X=3)=\frac{{}_2C_1\times{}_1C_1}{{}_5C_2}=\frac{1}{5}$,

$P(X=4)=\frac{{}_2C_1\times{}_2C_1}{{}_5C_2}=\frac{2}{5}$,

$P(X=5)=\frac{{}_1C_1\times{}_2C_1}{{}_5C_2}=\frac{1}{5}$,

$P(X=6)=\frac{{}_2C_2}{{}_5C_2}=\frac{1}{10}$

따라서 구하는 확률은

$P(4\leq X\leq 5)=P(X=4)+P(X=5)$

$=\frac{2}{5}+\frac{1}{5}=\frac{3}{5}$ 답 ②

02-2

한 개의 주사위를 던지는 시행을 4회 반복할 때, 홀수인 소수의 눈이 나오는 횟수 X가 가질 수 있는 값은 0, 1, 2, 3, 4이고

$P(X=0)={}_4C_0\left(\frac{2}{3}\right)^4=\frac{16}{81}$,

$P(X=1)={}_4C_1\left(\frac{1}{3}\right)^1\left(\frac{2}{3}\right)^3=\frac{32}{81}$,

$P(X=2)={}_4C_2\left(\frac{1}{3}\right)^2\left(\frac{2}{3}\right)^2=\frac{8}{27}$,

$P(X=3)={}_4C_3\left(\frac{1}{3}\right)^3\left(\frac{2}{3}\right)^1=\frac{8}{81}$,

$P(X=4)={}_4C_4\left(\frac{1}{3}\right)^4=\frac{1}{81}$

한편, $X^2-6X+8\leq 0$에서

$(X-2)(X-4)\leq 0$ $\quad\therefore 2\leq X\leq 4$

따라서 구하는 확률은

$P(X^2-6X+8\leq 0)=P(2\leq X\leq 4)$

$=P(X=2)+P(X=3)+P(X=4)$

$=\frac{8}{27}+\frac{8}{81}+\frac{1}{81}$

$=\frac{11}{27}$ 답 ①

유형 03

확률의 총합은 1이므로

$\frac{1}{5}+a+3a=1$

$4a=\frac{4}{5}$ $\quad\therefore a=\frac{1}{5}$

따라서 확률변수 X에 대하여

$E(X^2)=1^2\times\frac{1}{5}+2^2\times\frac{1}{5}+3^2\times\frac{3}{5}=\frac{32}{5}$ 답 ⑤

03-1

확률의 총합은 1이므로

$\frac{1}{3}+a+\frac{5}{18}+b+\frac{2}{9}=1$

$\therefore a+b=\frac{1}{6}$ …… ㉠

$E(X)=-2\times\frac{1}{3}+(-1)\times a+0\times\frac{5}{18}+1\times b+2\times\frac{2}{9}=-\frac{1}{6}$

$\therefore -a+b=\frac{1}{18}$ ...... ㉡

㉠, ㉡을 연립하여 풀면 $a=\frac{1}{18}$, $b=\frac{1}{9}$

$\therefore \mathrm{V}(X)=\mathrm{E}(X^2)-\{\mathrm{E}(X)\}^2$

$=(-2)^2\times\frac{1}{3}+(-1)^2\times\frac{1}{18}+0^2\times\frac{5}{18}+1^2\times\frac{1}{9}$

$+2^2\times\frac{2}{9}-\left(-\frac{1}{6}\right)^2$

$=\frac{85}{36}$ 답 $\frac{85}{36}$

유형 04

$\mathrm{E}(X)=12$, $\mathrm{E}(X^2)=160$이므로

$\mathrm{V}(X)=\mathrm{E}(X^2)-\{\mathrm{E}(X)\}^2=160-12^2=16$

따라서 $\sigma(X)=\sqrt{16}=4$이므로

$\sigma(3X+1)=3\sigma(X)=3\times4=12$ 답 ①

04-1

확률변수 $Z=\frac{X-m}{\sigma}$에 대하여

$\mathrm{E}(Z)=\mathrm{E}\left(\frac{X-m}{\sigma}\right)=\frac{1}{\sigma}\mathrm{E}(X)-\frac{m}{\sigma}=\frac{m}{\sigma}-\frac{m}{\sigma}=0$

$\sigma(Z)=\sigma\left(\frac{X-m}{\sigma}\right)=\frac{1}{\sigma}\sigma(X)=\frac{1}{\sigma}\times\sigma=1$

따라서 $a=0$, $b=1$이므로

$a+b=0+1=1$ 답 1

04-2

$\mathrm{E}(X)=3$, $\mathrm{V}(X)=4$이므로

$\mathrm{E}(Y)=\mathrm{E}(5X-3)=5\mathrm{E}(X)-3=5\times3-3=12$

$\mathrm{V}(Y)=\mathrm{V}(5X-3)=5^2\mathrm{V}(X)=25\times4=100$

따라서 $\mathrm{V}(Y)=\mathrm{E}(Y^2)-\{\mathrm{E}(Y)\}^2$이므로

$\mathrm{E}(Y^2)=\mathrm{V}(Y)+\{\mathrm{E}(Y)\}^2=100+12^2=244$ 답 244

유형 05

(i) $X=2$인 사건은 $A=2, 3, 5, 7, 11$인 경우이고
(1, 1), (1, 2), (2, 1), (1, 4), (2, 3), (3, 2), (4, 1), (1, 6), (2, 5), (3, 4), (4, 3), (5, 2), (6, 1), (5, 6), (6, 5)의 15가지가 있으므로

$\mathrm{P}(X=2)=\boxed{\frac{5}{12}}$

(ii) $X=3$인 사건은 $A=4, 9$인 경우이고 (1, 3), (2, 2), (3, 1), (3, 6), (4, 5), (5, 4), (6, 3)의 7가지가 있으므로

$\mathrm{P}(X=3)=\frac{7}{36}$

(iii) $X=4$인 사건은 $A=6, 8, 10$인 경우이고 (1, 5), (2, 4), (3, 3), (4, 2), (5, 1), (2, 6), (3, 5), (4, 4), (5, 3), (6, 2), (4, 6), (5, 5), (6, 4)의 13가지가 있으므로

$\mathrm{P}(X=4)=\boxed{\frac{13}{36}}$

(iv) $X=6$인 사건은 $A=12$인 경우이고 (6, 6)의 1가지가 있으므로

$\mathrm{P}(X=6)=\frac{1}{36}$

(i)~(iv)에 의하여 확률변수 X의 확률분포를 표로 나타내면 다음과 같다.

X	2	3	4	6	합계
$\mathrm{P}(X=x)$	$\boxed{\frac{5}{12}}$	$\frac{7}{36}$	$\boxed{\frac{13}{36}}$	$\frac{1}{36}$	1

$\therefore \mathrm{E}(X)=2\times\frac{5}{12}+3\times\frac{7}{36}+4\times\frac{13}{36}+6\times\frac{1}{36}=\boxed{\frac{109}{36}}$

따라서 $p=\frac{5}{12}$, $q=\frac{13}{36}$, $r=\frac{109}{36}$이므로

$p+q+r=\frac{137}{36}$ 답 $\frac{137}{36}$

05-1

(i) $X=1$일 때, 첫 번째 꺼낸 카드에 홀수가 적혀 있어야 하므로

$\mathrm{P}(X=1)=\frac{3}{6}=\frac{1}{2}$

(ii) $X=2$일 때, 첫 번째 카드에는 짝수, 두 번째 카드에는 홀수가 적혀 있어야 하므로

$\mathrm{P}(X=2)=\frac{3}{6}\times\frac{3}{5}=\frac{3}{10}$

(iii) $X=3$일 때, 첫 번째, 두 번째 카드에는 짝수, 세 번째 카드에는 홀수가 적혀 있어야 하므로

$\mathrm{P}(X=3)=\frac{3}{6}\times\frac{2}{5}\times\frac{3}{4}=\boxed{\frac{3}{20}}$

(iv) $X=4$일 때, 첫 번째, 두 번째, 세 번째 카드에는 짝수, 네 번째 카드에는 홀수가 적혀 있어야 하므로

$\mathrm{P}(X=4)=\frac{3}{6}\times\frac{2}{5}\times\frac{1}{4}\times\frac{3}{3}=\boxed{\frac{1}{20}}$

(i)~(iv)에 의하여 확률변수 X의 확률분포를 표로 나타내면 다음과 같다.

X	1	2	3	4	합계
$\mathrm{P}(X=x)$	$\frac{1}{2}$	$\frac{3}{10}$	$\boxed{\frac{3}{20}}$	$\boxed{\frac{1}{20}}$	1

$\therefore \mathrm{E}(X)=1\times\frac{1}{2}+2\times\frac{3}{10}+3\times\frac{3}{20}+4\times\frac{1}{20}=\boxed{\frac{7}{4}}$

따라서 $p=\frac{3}{20}$, $q=\frac{1}{20}$, $r=\frac{7}{4}$이므로

$p+q+r=\frac{39}{20}$ 답 $\frac{39}{20}$

유형 06

$\mathrm{P}(X=4)=\frac{1}{16}\mathrm{P}(X=8)$이므로

${}_{12}\mathrm{C}_4p^4(1-p)^8=\frac{1}{16}\times{}_{12}\mathrm{C}_8p^8(1-p)^4$

정리하면 $(1-p)^4=\frac{1}{16}p^4$

이때, $p>0$, $1-p>0$이므로 $1-p=\frac{1}{2}p$

$\therefore\ p=\frac{2}{3}$

즉, 확률변수 X는 이항분포 $\mathrm{B}\left(12,\ \frac{2}{3}\right)$를 따르므로

$\mathrm{P}(X=11)={}_{12}\mathrm{C}_{11}\left(\frac{2}{3}\right)^{11}\left(\frac{1}{3}\right)^{1}=\frac{2^{13}}{3^{11}}$

따라서 $a=11$, $b=13$이므로

$a+b=24$ 답 24

06-1

서로 다른 세 개의 주사위를 동시에 한 번 던질 때 모두 짝수의 눈이 나올 확률은 $\frac{1}{2}\times\frac{1}{2}\times\frac{1}{2}=\frac{1}{8}$

따라서 확률변수 X는 이항분포 $\mathrm{B}\left(8,\ \frac{1}{8}\right)$을 따르므로

$\mathrm{P}(X=1)={}_{8}\mathrm{C}_{1}\left(\frac{1}{8}\right)^{1}\left(\frac{7}{8}\right)^{7}=\frac{7^7}{2^{21}}$ 답 ③

유형 07

확률변수 X는 이항분포 $\mathrm{B}(36,\ p)$를 따르므로

$\mathrm{V}(X)=36p(1-p)=5$

$36p^2-36p+5=0$, $(6p-1)(6p-5)=0$

$\therefore\ p=\frac{1}{6}$ 또는 $p=\frac{5}{6}$

이때, $0<p<\frac{1}{2}$이므로 $p=\frac{1}{6}$

따라서 X는 이항분포 $\mathrm{B}\left(36,\ \frac{1}{6}\right)$을 따르므로

$\mathrm{E}(X)=36p=6$ 답 ①

07-1

확률변수 X가 이항분포 $\mathrm{B}(4,\ p)$를 따르므로

$\mathrm{P}(X=4)={}_{4}\mathrm{C}_{4}p^4=\frac{1}{16}$

$p^4=\frac{1}{16}$ $\qquad\therefore\ p=\frac{1}{2}\ (\because\ p>0)$

따라서 $\mathrm{E}(X)=4\times\frac{1}{2}=2$이므로

$\mathrm{E}(3X+4)=3\mathrm{E}(X)+4=3\times2+4=10$ 답 10

07-2

한 개의 주사위를 한 번 던질 때 3의 배수의 눈이 나올 확률은 $\frac{1}{3}$이다.

즉, 확률변수 X는 이항분포 $\mathrm{B}\left(90,\ \frac{1}{3}\right)$을 따르므로

$\mathrm{E}(X)=90\times\frac{1}{3}=30$, $\mathrm{V}(X)=90\times\frac{1}{3}\times\frac{2}{3}=20$

따라서 $\mathrm{V}(X)=\mathrm{E}(X^2)-\{\mathrm{E}(X)\}^2$에서

$\mathrm{E}(X^2)=\mathrm{V}(X)+\{\mathrm{E}(X)\}^2=20+30^2=920$ 답 920

빈출 유형 마무리

본문 39~40쪽

01 ②	02 2	03 $\frac{23}{28}$	04 ③	05 $\frac{17}{36}$	06 ⑤
07 5	08 30	09 ⑤	10 $\frac{1}{2}$	11 91	12 ②
13 ⑤					

01

$X^2-2X+1=0$에서 $(X-1)^2=1$

$\therefore\ X=1$

이때,

$\mathrm{P}(1\le X<4)=\mathrm{P}(X=1)+\mathrm{P}(X=2)+\mathrm{P}(X=3)$

$=\frac{5}{6}$ …… ㉠

$\mathrm{P}(1<X\le3)=\mathrm{P}(X=2)+\mathrm{P}(X=3)$

$=\frac{1}{2}$ …… ㉡

$\therefore\ \mathrm{P}(X^2-2X+1=0)=\mathrm{P}(X=1)$

$=\frac{5}{6}-\frac{1}{2}$ ($\because$ ㉠, ㉡)

$=\frac{1}{3}$ 답 ②

02

확률의 총합은 1이므로

$\frac{2}{5}+20a^2+10a^2+3a=1$

$50a^2+5a-1=0$, $(5a+1)(10a-1)=0$

$\therefore\ a=\frac{1}{10}\ (\because\ a>0)$

한편, $X^2-3X+2\le0$에서

$(X-1)(X-2)\le0 \qquad \therefore\ 1\le X\le2$

따라서 구하는 확률은

$p=\mathrm{P}(X^2-3X+2\le0)=\mathrm{P}(1\le X\le2)$

$=\mathrm{P}(X=1)+\mathrm{P}(X=2)$

$=\frac{1}{10}+\frac{3}{10}=\frac{2}{5}$

$\therefore\ 5p=5\times\frac{2}{5}=2$ 답 2

03

확률변수 X가 가질 수 있는 값은 0, 1, 2, 3이고 그 확률은 각각

$\mathrm{P}(X=0)=\frac{{}_{3}\mathrm{C}_{3}}{{}_{8}\mathrm{C}_{3}}=\frac{1}{56}$,

$\mathrm{P}(X=1)=\frac{{}_{3}\mathrm{C}_{2}\times{}_{5}\mathrm{C}_{1}}{{}_{8}\mathrm{C}_{3}}=\frac{15}{56}$,

$\mathrm{P}(X=2)=\frac{{}_{3}\mathrm{C}_{1}\times{}_{5}\mathrm{C}_{2}}{{}_{8}\mathrm{C}_{3}}=\frac{15}{28}$,

$\mathrm{P}(X=3)=\frac{{}_{5}\mathrm{C}_{3}}{{}_{8}\mathrm{C}_{3}}=\frac{5}{28}$

따라서 구하는 확률은

$$P(X\le 2)=P(X=0)+P(X=1)+P(X=2)$$
$$=\frac{1}{56}+\frac{15}{56}+\frac{15}{28}=\frac{23}{28}$$

• 다른 풀이 •

$P(X\le 2)=1-P(X=3)=1-\frac{5}{28}=\frac{23}{28}$ 답 $\frac{23}{28}$

04

확률변수 X의 확률분포를 표로 나타내면 다음과 같다.

X	1	2	3	4	5	합계
$P(X=x)$	$k-\frac{1}{9}$	$k-\frac{2}{9}$	$\frac{1}{2}k$	$\frac{2}{3}k$	$\frac{5}{6}k$	1

이때, 확률의 총합은 1이므로

$k-\frac{1}{9}+k-\frac{2}{9}+\frac{1}{2}k+\frac{2}{3}k+\frac{5}{6}k=1,\ 4k=\frac{4}{3}\qquad \therefore k=\frac{1}{3}$

$\therefore E(X)=1\times\frac{2}{9}+2\times\frac{1}{9}+3\times\frac{1}{6}+4\times\frac{2}{9}+5\times\frac{5}{18}=\frac{29}{9}$

답 ③

05

확률변수 X의 확률분포를 표로 나타내면 다음과 같다.

X	1	2	3	합계
$P(X=x)$	$\frac{1}{6}$	$\frac{1}{2}$	$\frac{1}{3}$	1

따라서 $E(X)=1\times\frac{1}{6}+2\times\frac{1}{2}+3\times\frac{1}{3}=\frac{13}{6}$이므로

$V(X)=E(X^2)-\{E(X)\}^2$

$=1^2\times\frac{1}{6}+2^2\times\frac{1}{2}+3^2\times\frac{1}{3}-\left(\frac{13}{6}\right)^2=\frac{17}{36}$ 답 $\frac{17}{36}$

06

확률의 총합은 1이므로

$a+\frac{1}{3}+\frac{1}{3}+b=1\qquad \therefore a+b=\frac{1}{3}$

이때, $a>0$, $b>0$이므로 $0<b<\frac{1}{3}$

확률변수 X에 대하여

$E(X)=0\times a+1\times\frac{1}{3}+2\times\frac{1}{3}+4\times b=4b+1$

$\therefore V(X)=E(X^2)-\{E(X)\}^2$

$=0^2\times a+1^2\times\frac{1}{3}+2^2\times\frac{1}{3}+4^2\times b-(4b+1)^2$

$=-16b^2+8b+\frac{2}{3}$

$=-16\left(b-\frac{1}{4}\right)^2+\frac{5}{3}$

따라서 $b=\frac{1}{4}$일 때, $V(X)$의 최댓값은 $\frac{5}{3}$이다. 답 ⑤

07

확률변수 X에 대하여 $E(X)=\frac{2}{3}$, $V(X)=\frac{7}{18}$이므로

$E(X^2)=V(X)+\{E(X)\}^2=\frac{7}{18}+\left(\frac{2}{3}\right)^2=\frac{5}{6}$

$\therefore E(6X^2)=6E(X^2)=6\times\frac{5}{6}=5$ 답 5

08

확률변수 X가 가질 수 있는 값은 0, 1, 2, 3, 4, 5이고 확률변수 X의 확률분포를 표로 나타내면 다음과 같다.

X	0	1	2	3	4	5	합계
$P(X=x)$	$\frac{1}{6}$	$\frac{5}{18}$	$\frac{2}{9}$	$\frac{1}{6}$	$\frac{1}{9}$	$\frac{1}{18}$	1

따라서 확률변수 X에 대하여

$E(X)=0\times\frac{1}{6}+1\times\frac{5}{18}+2\times\frac{2}{9}+3\times\frac{1}{6}+4\times\frac{1}{9}+5\times\frac{1}{18}=\frac{35}{18}$

$\therefore E(18X-5)=18E(X)-5=18\times\frac{35}{18}-5=30$ 답 30

09

(i) $X=0$인 경우

이동한 점이 원점에 놓이는 경우이므로 홀수인 눈과 짝수인 눈이 2번씩 나와야 한다.

$\therefore P(X=0)={}_4C_2\left(\frac{1}{2}\right)^2\left(\frac{1}{2}\right)^2$

$=\left(\frac{1}{2}\right)^4\times\boxed{6}=\frac{3}{8}$

(ii) $X=2$인 경우

이동한 점이 -2 또는 2인 점에 놓이는 경우이므로 홀수인 눈이 3번, 짝수인 눈이 1번 나오거나 홀수인 눈이 1번, 짝수인 눈이 3번 나와야 한다.

$\therefore P(X=2)={}_4C_3\left(\frac{1}{2}\right)^3\left(\frac{1}{2}\right)^1+{}_4C_1\left(\frac{1}{2}\right)^1\left(\frac{1}{2}\right)^3$

$=\left(\frac{1}{2}\right)^4\times\boxed{8}=\frac{1}{2}$

(iii) $X=4$인 경우

이동한 점이 4 또는 -4인 점에 놓이는 경우이므로 홀수인 눈 또는 짝수인 눈이 4번 연달아 나와야 한다.

$\therefore P(X=4)={}_4C_4\left(\frac{1}{2}\right)^4+{}_4C_0\left(\frac{1}{2}\right)^4$

$=\left(\frac{1}{2}\right)^4\times 2=\frac{1}{8}$

따라서 확률변수 X에 대하여

$E(X)=0\times\frac{3}{8}+2\times\frac{1}{2}+4\times\frac{1}{8}=\boxed{\frac{3}{2}}$

$\therefore a=6,\ b=8,\ c=\frac{3}{2}\qquad \therefore (a+b)c=21$ 답 ⑤

10

확률변수 X가 이항분포 $B(10, p)$를 따르므로

$V(X)=10p(1-p)=-10(p^2-p)$

$=-10\left(p-\frac{1}{2}\right)^2+\frac{5}{2}$

따라서 $p=\frac{1}{2}$일 때, 분산 $V(X)$는 최대이다. 답 $\frac{1}{2}$

11

확률변수 X가 이항분포 $B(100, p)$를 따르므로

$P(X=48)={}_{100}C_{48}\,p^{48}(1-p)^{52}$

$P(X=49)={}_{100}C_{49}\,p^{49}(1-p)^{51}$

이때, $4P(X=48)=7P(X=49)$이므로

$4\times{}_{100}C_{48}\,p^{48}(1-p)^{52}=7\times{}_{100}C_{49}\,p^{49}(1-p)^{51}$

$4\times\dfrac{100!}{48!52!}\times(1-p)=7\times\dfrac{100!}{49!51!}\times p$ ($\because 0<p<1$)

$7(1-p)=13p \qquad \therefore p=\dfrac{7}{20}$

따라서 $V(X)=100\times\dfrac{7}{20}\times\dfrac{13}{20}=\dfrac{91}{4}$이므로

$V(2X+3)=2^2V(X)=4\times\dfrac{91}{4}=91$ 답 91

12

$E(X)=P(X=1)+2P(X=2)+3P(X=3)+4P(X=4)+5P(X=5)$

$=4$

이므로

$E(Y)=P(Y=1)+2P(Y=2)+3P(Y=3)+4P(Y=4)+5P(Y=5)$

$=\dfrac{1}{2}P(X=1)+\dfrac{1}{10}+P(X=2)+\dfrac{2}{10}+\dfrac{3}{2}P(X=3)+\dfrac{3}{10}+2P(X=4)+\dfrac{4}{10}+\dfrac{5}{2}P(X=5)+\dfrac{5}{10}$

$=\dfrac{1}{2}\{P(X=1)+2P(X=2)+3P(X=3)+4P(X=4)+5P(X=5)\}+\dfrac{3}{2}$

$=\dfrac{1}{2}\times4+\dfrac{3}{2}=\dfrac{7}{2}$ 답 ②

13

확률의 총합은 1이므로

$a+b+\dfrac{2}{3}=1 \qquad \therefore a+b=\dfrac{1}{3}$ …… ㉠

$E(Y)=10E(X)-2.21=0.5$이고

$E(Y)=-1\times a+0\times b+1\times\dfrac{2}{3}=-a+\dfrac{2}{3}$이므로

$-a+\dfrac{2}{3}=0.5 \qquad \therefore a=\boxed{\dfrac{1}{6}}$

이를 ㉠에 대입하면 $b=\boxed{\dfrac{1}{6}}$

$\therefore V(Y)=(-1)^2\times\dfrac{1}{6}+0^2\times\dfrac{1}{6}+1^2\times\dfrac{2}{3}-(0.5)^2=\dfrac{7}{12}$

이때, $V(Y)=V(10X-2.21)=10^2\times V(X)=\boxed{100}\times V(X)$ 이므로

$V(X)=\dfrac{1}{100}V(Y)=\dfrac{1}{\boxed{100}}\times\dfrac{7}{12}$

따라서 $p=\dfrac{1}{6}$, $q=\dfrac{1}{6}$, $r=100$이므로 $pqr=\dfrac{25}{9}$ 답 ⑤

Ⅲ. 통계

02 연속확률분포

내신&수능 빈출 유형 본문 42~45쪽

유형 01

함수 $y=f(x)$의 그래프와 x축 및 두 직선 $x=2$, $x=3$으로 둘러싸인 사다리꼴의 넓이가 1이므로

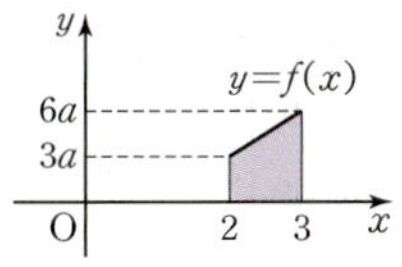

$\dfrac{1}{2}\times(3a+6a)\times1=1$

$\dfrac{9}{2}a=1 \qquad \therefore a=\dfrac{2}{9}$ 답 ②

01-1

함수 $y=f(x)$의 그래프와 x축으로 둘러싸인 부분의 넓이는 1이므로

$\dfrac{1}{2}\times k\times\dfrac{1}{2}=1,\ \dfrac{1}{4}k=1 \qquad \therefore k=4$ 답 4

유형 02

함수 $y=f(x)$의 그래프와 x축 및 두 직선 $x=1$, $x=3$으로 둘러싸인 사다리꼴의 넓이는 1이므로

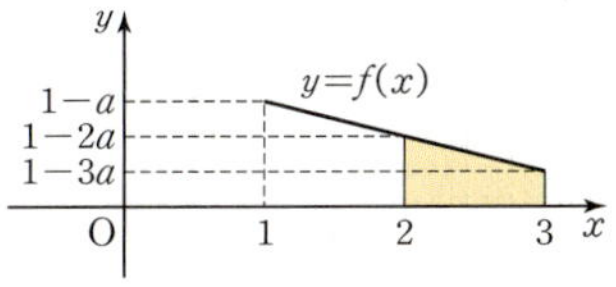

$\dfrac{1}{2}\times(1-a+1-3a)\times2=1$

$2-4a=1 \qquad \therefore a=\dfrac{1}{4}$

이때, $P(2\le X\le3)$은 위의 그림의 색칠한 사다리꼴의 넓이와 같으므로

$P(2\le X\le3)=\dfrac{1}{2}\times\left(\dfrac{1}{2}+\dfrac{1}{4}\right)\times1=\dfrac{3}{8}$ 답 ③

02-1

확률변수 X의 확률밀도함수 $y=f(x)$의 그래프는 오른쪽 그림과 같다.

이때, $P(1\le X\le4)$은 오른쪽 그림의 색칠한 부분의 넓이와 같으므로

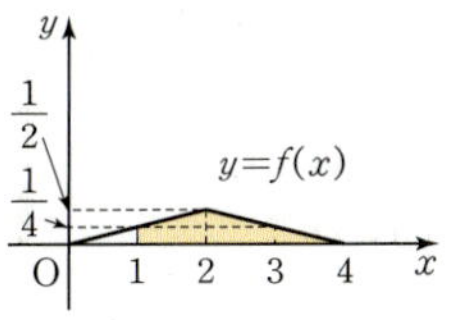

$P(1\le X\le4)=1-P(0\le X\le1)$

$=1-\dfrac{1}{2}\times1\times\dfrac{1}{4}=\dfrac{7}{8}$ 답 ⑤

• 다른 풀이 •

〈수학Ⅱ〉를 학습한 학생들은

> 연속확률변수 X가 닫힌구간 $[\alpha, \beta]$에 속하는 모든 실수의 값을 가질 때, X의 확률밀도함수가 $f(x)$이면
>
> $P(a\le X\le b)=\int_a^b f(x)\,dx$ (단, $\alpha\le a\le b\le\beta$)

임을 이용하여 문제를 해결할 수 있다.

$$\mathrm{P}(1\le X\le 4)=\int_1^4 f(x)\,dx$$
$$=\int_1^2 \frac{x}{4}dx+\int_2^4\left(1-\frac{x}{4}\right)dx$$
$$=\left[\frac{x^2}{8}\right]_1^2+\left[x-\frac{x^2}{8}\right]_2^4$$
$$=\left(\frac{2^2}{8}-\frac{1}{8}\right)+\left\{\left(4-\frac{4^2}{8}\right)-\left(2-\frac{2^2}{8}\right)\right\}$$
$$=\frac{7}{8}$$

02-2

함수 $y=f(x)$의 그래프와 x축 및 직선 $x=3$으로 둘러싸인 부분의 넓이가 1이므로

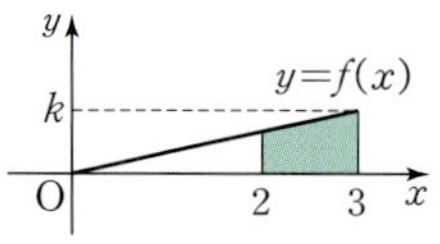

$\frac{1}{2}\times 3\times k=1$ $\quad\therefore k=\frac{2}{3}$

$0\le x\le 3$에서 함수 $y=f(x)$의 그래프는 두 점 $(0,\ 0)$, $\left(3,\ \frac{2}{3}\right)$를 지나는 직선이므로

$$f(x)=\frac{\frac{2}{3}}{3}x=\frac{2}{9}x$$

따라서 $f(2)=\frac{2}{9}\times 2=\frac{4}{9}$이고, $\mathrm{P}(2\le X\le 3)$은 위의 그림의 색칠한 사다리꼴의 넓이와 같으므로

$\mathrm{P}(2\le X\le 3)=\frac{1}{2}\times\left(\frac{4}{9}+\frac{2}{3}\right)\times 1=\frac{5}{9}$ 　답 $\frac{5}{9}$

유형 03

$m=80$, $\sigma=3$이고 정규분포곡선은 직선 $x=m$에 대하여 대칭이므로

$$\mathrm{P}(77\le X\le 83)=\mathrm{P}(80-3\le X\le 80+3)$$
$$=\mathrm{P}(m-\sigma\le X\le m+\sigma)$$
$$=2\mathrm{P}(m\le X\le m+\sigma)=2b$$

답 ①

03-1

정규분포곡선은 직선 $x=m$에 대하여 대칭이므로

$\mathrm{P}(X\le 2)=\mathrm{P}(X\ge 6)$에서

$m=\frac{2+6}{2}=4$

따라서 $\mathrm{P}(X\le 4)=\mathrm{P}(X\ge 4)=0.5$이므로

$1-\mathrm{P}(X\ge 4)=1-0.5=0.5$ 　답 0.5

유형 04

두 확률변수 X, Y가 각각 정규분포 $\mathrm{N}(10,\ 2^2)$, $\mathrm{N}(6,\ 3^2)$을 따르므로 $Z_X=\frac{X-10}{2}$, $Z_Y=\frac{Y-6}{3}$으로 놓으면 Z_X, Z_Y는 모두 표준정규분포 $\mathrm{N}(0,\ 1)$을 따른다.

$\mathrm{P}(8\le X\le 14)=\mathrm{P}(3\le Y\le k)$에서

$$\mathrm{P}\left(\frac{8-10}{2}\le Z_X\le\frac{14-10}{2}\right)=\mathrm{P}\left(\frac{3-6}{3}\le Z_Y\le\frac{k-6}{3}\right)$$

$$\therefore \mathrm{P}(-1\le Z_X\le 2)=\mathrm{P}\left(-1\le Z_Y\le\frac{k-6}{3}\right)$$

따라서 $\frac{k-6}{3}=2$이므로

$k-6=6$ $\quad\therefore k=12$ 　답 ④

04-1

$\mathrm{P}(X\le k)=0.16<0.5$에서 $k<15$

확률변수 X가 정규분포 $\mathrm{N}(15,\ 5^2)$을 따르므로 $Z=\frac{X-15}{5}$로 놓으면 Z는 표준정규분포 $\mathrm{N}(0,\ 1)$을 따른다. 즉,

$$\mathrm{P}(X\le k)=\mathrm{P}\left(Z\le\frac{k-15}{5}\right)$$
$$=\mathrm{P}(Z\le 0)-\mathrm{P}\left(\frac{k-15}{5}\le Z\le 0\right)$$
$$=0.5-\mathrm{P}\left(\frac{k-15}{5}\le Z\le 0\right)$$
$$=0.16$$

이므로 $\mathrm{P}\left(\frac{k-15}{5}\le Z\le 0\right)=0.34$

$\therefore \mathrm{P}\left(0\le Z\le\frac{15-k}{5}\right)=0.34$

이때, $\mathrm{P}(0\le Z\le 1)=0.34$이므로

$\frac{15-k}{5}=1$, $15-k=5$ $\quad\therefore k=10$ 　답 ①

04-2

확률변수 X가 정규분포 $\mathrm{N}(1,\ 1)$을 따르므로 $Z=\frac{X-1}{1}$로 놓으면 Z는 표준정규분포 $\mathrm{N}(0,\ 1)$을 따른다.

$$\therefore a=\mathrm{P}(-3\le X\le -1)$$
$$=\mathrm{P}\left(\frac{-3-1}{1}\le Z\le\frac{-1-1}{1}\right)$$
$$=\mathrm{P}(-4\le Z\le -2)$$
$$b=\mathrm{P}(-1\le X\le 1)$$
$$=\mathrm{P}\left(\frac{-1-1}{1}\le Z\le\frac{1-1}{1}\right)$$
$$=\mathrm{P}(-2\le Z\le 0)$$
$$c=\mathrm{P}(3\le X\le 5)$$
$$=\mathrm{P}\left(\frac{3-1}{1}\le Z\le\frac{5-1}{1}\right)$$
$$=\mathrm{P}(2\le Z\le 4)$$

따라서 a, b, c는 오른쪽 그림의 색칠한 각 부분의 넓이이므로

$a=c<b$

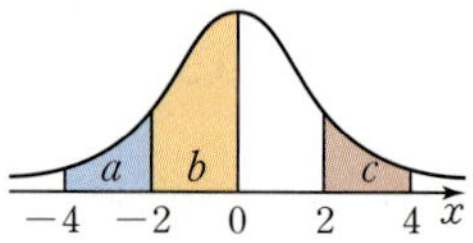

답 ⑤

유형 05

남학생의 키를 확률변수 X라 하면 X는 정규분포 $\mathrm{N}(172,\ 4^2)$을 따르므로 $Z=\frac{X-172}{4}$로 놓으면 Z는 표준정규분포 $\mathrm{N}(0,\ 1)$을 따른다.

따라서 구하는 확률은

$P(X\ge180)=P\left(Z\ge\frac{180-172}{4}\right)$
$=P(Z\ge2)$
$=P(Z\ge0)-P(0\le Z\le2)$
$=0.5-0.4772$
$=0.0228$

답 0.0228

05-1

확률변수 X가 정규분포 $N(10,\ 2^2)$을 따르므로 $Z=\frac{X-10}{2}$으로 놓으면 Z는 표준정규분포 $N(0,\ 1)$을 따른다.

$P(8\le X\le a)=P\left(\frac{8-10}{2}\le Z\le\frac{a-10}{2}\right)$
$=P\left(-1\le Z\le\frac{a-10}{2}\right)$
$=0.5328>0.5$

이므로 $\frac{a-10}{2}>0$

$P\left(-1\le Z\le\frac{a-10}{2}\right)=P(-1\le Z\le0)+P\left(0\le Z\le\frac{a-10}{2}\right)$
$=P(0\le Z\le1)+P\left(0\le Z\le\frac{a-10}{2}\right)$
$=0.3413+P\left(0\le Z\le\frac{a-10}{2}\right)$
$=0.5328$

$\therefore P\left(0\le Z\le\frac{a-10}{2}\right)=0.1915$

이때, $P(0\le Z\le0.5)=0.1915$이므로

$\frac{a-10}{2}=0.5,\ a-10=1$

$\therefore a=11$

답 ②

유형 06

응시자의 점수를 확률변수 X라 하면 X는 정규분포 $N(50,\ 8^2)$을 따르므로 $Z=\frac{X-50}{8}$으로 놓으면 Z는 표준정규분포 $N(0,\ 1)$을 따른다.

합격자의 최저 점수를 k점이라 하면

$P(X\ge k)=\frac{40}{1000}=0.04$에서

$P\left(Z\ge\frac{k-50}{8}\right)=0.04$

$P(Z\ge0)-P\left(0\le Z\le\frac{k-50}{8}\right)=0.04$

$0.5-P\left(0\le Z\le\frac{k-50}{8}\right)=0.04$

$\therefore P\left(0\le Z\le\frac{k-50}{8}\right)=0.46$

이때, $P(0\le Z\le1.75)=0.46$이므로

$\frac{k-50}{8}=1.75,\ k-50=14 \qquad \therefore k=64$

따라서 합격자의 최저 점수는 64점이다.

답 64점

06-1

수학 점수를 확률변수 X라 하면 X는 정규분포 $N(78,\ 8^2)$을 따르므로 $Z=\frac{X-78}{8}$로 놓으면 Z는 표준정규분포 $N(0,\ 1)$을 따른다.

상위 7 % 이내에 든 학생의 최저 점수를 k점이라 하면

$P(X\ge k)=0.07$에서

$P\left(Z\ge\frac{k-78}{8}\right)=0.07$

$P(Z\ge0)-P\left(0\le Z\le\frac{k-78}{8}\right)=0.07$

$0.5-P\left(0\le Z\le\frac{k-78}{8}\right)=0.07$

$\therefore P\left(0\le Z\le\frac{k-78}{8}\right)=0.43$

이때, $P(0\le Z\le1.5)=0.43$이므로

$\frac{k-78}{8}=1.5,\ k-78=12 \qquad \therefore k=90$

따라서 우등상을 받기 위한 최저 점수는 90점이다.

답 ③

유형 07

확률변수 X가 이항분포 $B\left(100,\ \frac{1}{5}\right)$을 따르므로

$E(X)=100\times\frac{1}{5}=20,\ V(X)=100\times\frac{1}{5}\times\frac{4}{5}=16$

이때, 100은 충분히 크므로 확률변수 X는 근사적으로 정규분포 $N(20,\ 4^2)$을 따르고, $Z=\frac{X-20}{4}$으로 놓으면 Z는 표준정규분포 $N(0,\ 1)$을 따른다.

따라서 구하는 확률은

$P(X\ge26)=P\left(Z\ge\frac{26-20}{4}\right)$
$=P(Z\ge1.5)$
$=P(Z\ge0)-P(0\le Z\le1.5)$
$=0.5-0.4332$
$=0.0668$

답 ①

07-1

주어진 식은 이항분포 $B\left(400,\ \frac{9}{10}\right)$를 따르는 확률변수 X에 대하여 $X=360,\ 361,\ 362,\ \cdots,\ 366$일 때의 확률을 더한 것이다.

확률변수 X가 이항분포 $B\left(400,\ \frac{9}{10}\right)$를 따를 때,

$E(X)=400\times\frac{9}{10}=360,\ V(X)=400\times\frac{9}{10}\times\frac{1}{10}=36$

이때, 400은 충분히 크므로 확률변수 X는 근사적으로 정규분포 $N(360,\ 6^2)$을 따르고, $Z=\frac{X-360}{6}$으로 놓으면 Z는 표준정규분포 $N(0,\ 1)$을 따른다.

따라서 주어진 식의 값은

$P(X=360)+P(X=361)+P(X=362)+\cdots+P(X=366)$
$=P(360\le X\le366)$

$=\mathrm{P}\left(\frac{360-360}{6}\le Z\le\frac{366-360}{6}\right)$

$=\mathrm{P}(0\le Z\le 1)=0.3413$ 답 ②

유형 08

패널티킥의 성공 횟수 X는 이항분포 $\mathrm{B}\left(48,\ \frac{1}{4}\right)$을 따르므로

$\mathrm{E}(X)=48\times\frac{1}{4}=12,\ \mathrm{V}(X)=48\times\frac{1}{4}\times\frac{3}{4}=9$

이때, 48은 충분히 크므로 확률변수 X는 근사적으로 정규분포 $\mathrm{N}(12,\ 3^2)$을 따르고, $Z=\frac{X-12}{3}$로 놓으면 Z는 표준정규분포 $\mathrm{N}(0,\ 1)$을 따른다.

$\therefore \mathrm{P}(X\ge 15)=\mathrm{P}\left(Z\ge\frac{15-12}{3}\right)$
$=\mathrm{P}(Z\ge 1)$
$=\mathrm{P}(Z\ge 0)-\mathrm{P}(0\le Z\le 1)$
$=0.5-0.3413$
$=0.1587$ 답 ③

08-1

두 개의 주사위를 동시에 던져 두 주사위의 눈의 수의 곱이 홀수이려면 두 주사위의 눈이 모두 홀수이어야 한다. 따라서 두 개의 주사위를 한 번 던져 나온 눈의 수의 곱이 홀수일 확률은

$\frac{1}{2}\times\frac{1}{2}=\frac{1}{4}$

즉, 두 개의 주사위를 동시에 던지는 시행을 192번 반복할 때 1점을 얻는 횟수를 확률변수 X라 하면 X는 이항분포 $\mathrm{B}\left(192,\ \frac{1}{4}\right)$을 따르므로

$\mathrm{E}(X)=192\times\frac{1}{4}=48,\ \mathrm{V}(X)=192\times\frac{1}{4}\times\frac{3}{4}=36$

이때, 192는 충분히 크므로 확률변수 X는 근사적으로 정규분포 $\mathrm{N}(48,\ 6^2)$을 따르고, $Z=\frac{X-48}{6}$로 놓으면 Z는 표준정규분포 $\mathrm{N}(0,\ 1)$을 따른다.

$\therefore \mathrm{P}(X\ge 57)=\mathrm{P}\left(Z\ge\frac{57-48}{6}\right)$
$=\mathrm{P}(Z\ge 1.5)$
$=0.5-\mathrm{P}(0\le Z\le 1.5)$
$=0.0668$ 답 0.0668

08-2

학생이 맞힌 문제의 개수를 확률변수 X라 하면 X는 이항분포 $\mathrm{B}\left(100,\ \frac{1}{5}\right)$을 따르므로

$\mathrm{E}(X)=100\times\frac{1}{5}=20,\ \mathrm{V}(X)=100\times\frac{1}{5}\times\frac{4}{5}=16$

이때, 100은 충분히 크므로 확률변수 X는 근사적으로 정규분포 $\mathrm{N}(20,\ 4^2)$을 따르고, $Z=\frac{X-20}{4}$으로 놓으면 Z는 표준정규분포 $\mathrm{N}(0,\ 1)$을 따른다.

맞힌 문제의 개수가 a 이상일 확률이 0.02이므로

$\mathrm{P}(X\ge a)=0.02$

즉, $\mathrm{P}\left(Z\ge\frac{a-20}{4}\right)=0.02$에서

$\mathrm{P}(Z\ge 0)-\mathrm{P}\left(0\le Z\le\frac{a-20}{4}\right)=0.02$

$0.5-\mathrm{P}\left(0\le Z\le\frac{a-20}{4}\right)=0.02$

$\therefore \mathrm{P}\left(0\le Z\le\frac{a-20}{4}\right)=0.48$

이때, $\mathrm{P}(0\le Z\le 2)=0.48$이므로

$\frac{a-20}{4}=2,\ a-20=8 \quad \therefore a=28$ 답 28

빈출 유형 마무리

본문 46~47쪽

01 $\frac{5}{6}$	02 ⑤	03 4	04 ③	05 10	06 ④
07 68명	08 100	09 ③	10 ④	11 ②	12 ①
13 ③	14 155				

01

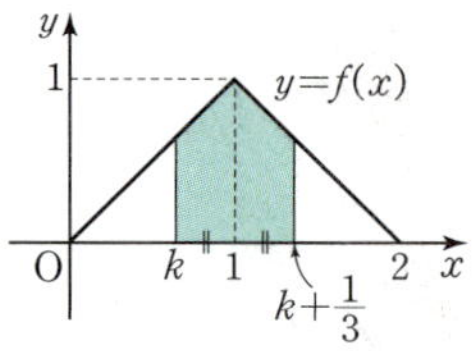

오른쪽 그림과 같이 확률밀도함수 $y=f(x)$의 그래프가 직선 $x=1$에 대하여 대칭이므로 $k\le x\le k+\frac{1}{3}$에서 k와 $k+\frac{1}{3}$의 평균이 1일 때, $\mathrm{P}\left(k\le X\le k+\frac{1}{3}\right)$이 최대가 된다.

$\frac{k+k+\frac{1}{3}}{2}=1$에서 $2k+\frac{1}{3}=2$

$2k=\frac{5}{3} \quad \therefore k=\frac{5}{6}$ 답 $\frac{5}{6}$

02

확률변수 X가 정규분포 $\mathrm{N}(m,\ \sigma^2)$을 따르므로

$f(k)=\mathrm{P}(X\le m+k\sigma)$
$=\mathrm{P}\left(Z\le\frac{m+k\sigma-m}{\sigma}\right)=\mathrm{P}(Z\le k)$

ㄱ. $f(0)=\mathrm{P}(Z\le 0)=0.5$ (참)

ㄴ. k의 값이 커질수록 $f(k)$의 값도 커지므로 $k_1<k_2$이면 $f(k_1)<f(k_2)$이다. (참)

ㄷ. $f(k)+f(-k)=\mathrm{P}(Z\le k)+\mathrm{P}(Z\le -k)$
$=\mathrm{P}(Z\le k)+\mathrm{P}(Z\ge k)$
$=1$ (참)

따라서 옳은 것은 ㄱ, ㄴ, ㄷ이다. 답 ⑤

03

과자 A의 길이를 확률변수 X라 하면 X는 정규분포 $N(m,\ \sigma_1^2)$을 따르므로 $Z_X=\frac{X-m}{\sigma_1}$으로 놓으면 Z_X는 표준정규분포 $N(0,\ 1)$을 따른다.

$\therefore\ P(X\geq m+20)=P\left(Z_X\geq\frac{m+20-m}{\sigma_1}\right)$

$=P\left(Z_X\geq\frac{20}{\sigma_1}\right)$

또한 과자 B의 길이를 확률변수 Y라 하면 Y는 정규분포 $N(m+25,\ \sigma_2^2)$을 따르므로 $Z_Y=\frac{Y-(m+25)}{\sigma_2}$로 놓으면 Z_Y는 표준정규분포 $N(0,\ 1)$을 따른다.

$\therefore\ P(Y\leq m+20)=P\left(Z_Y\leq\frac{m+20-(m+25)}{\sigma_2}\right)$

$=P\left(Z_Y\leq-\frac{5}{\sigma_2}\right)$

$=P\left(Z_Y\geq\frac{5}{\sigma_2}\right)$

이때, $P(X\geq m+20)=P(Y\leq m+20)$이므로

$\frac{20}{\sigma_1}=\frac{5}{\sigma_2}\qquad\therefore\ \frac{\sigma_1}{\sigma_2}=4$

답 4

04

$V(3X)=9V(X)=27$에서 $V(X)=\sigma^2=3$

정규분포곡선은 직선 $x=m$에 대하여 대칭이므로

$m=\frac{12+6}{2}=9$

$\therefore\ m+\sigma^2=12$

답 ③

05

확률변수 X가 정규분포 $N\left(m,\ \frac{m^2}{25}\right)$을 따르므로

$Z=\frac{X-m}{\frac{m}{5}}$으로 놓으면 Z는 표준정규분포 $N(0,\ 1)$을 따른다.

$P(6\leq X\leq m+2)=P\left(\frac{6-m}{\frac{m}{5}}\leq Z\leq\frac{m+2-m}{\frac{m}{5}}\right)$

$=P\left(\frac{30-5m}{m}\leq Z\leq\frac{10}{m}\right)$

에서

$P\left(\frac{30-5m}{m}\leq Z\leq\frac{10}{m}\right)=P(-1\leq Z\leq 2)$

$=P(-2\leq Z\leq 1)$

이므로

$\frac{30-5m}{m}=-1,\ \frac{10}{m}=2$ 또는 $\frac{30-5m}{m}=-2,\ \frac{10}{m}=1$

(i) $\frac{30-5m}{m}=-1,\ \frac{10}{m}=2$를 동시에 만족시키는 m은 존재하지 않는다.

(ii) $\frac{30-5m}{m}=-2,\ \frac{10}{m}=1$에서 $m=10$

(i), (ii)에 의하여 $m=10$

답 10

06

확률변수 X가 정규분포 $N(5,\ 1)$을 따르므로 $Z_X=\frac{X-5}{1}$로 놓으면 Z_X는 표준정규분포 $N(0,\ 1)$을 따른다.

$\therefore\ a=P(4\leq X\leq 7)$

$=P\left(\frac{4-5}{1}\leq Z_X\leq\frac{7-5}{1}\right)$

$=P(-1\leq Z_X\leq 2)$

$=P(0\leq Z_X\leq 1)+P(0\leq Z_X\leq 2)$

또한 확률변수 Y가 정규분포 $N(7,\ 2^2)$을 따르므로

$Z_Y=\frac{Y-7}{2}$로 놓으면 Z_Y는 표준정규분포 $N(0,\ 1)$을 따른다.

$\therefore\ b=P(1\leq Y\leq 7)$

$=P\left(\frac{1-7}{2}\leq Z_Y\leq\frac{7-7}{2}\right)$

$=P(-3\leq Z_Y\leq 0)$

$=P(0\leq Z_Y\leq 3)$

$=P(0\leq Z_Y\leq 2)+P(2\leq Z_Y\leq 3)$

$c=P(3\leq Y\leq 9)$

$=P\left(\frac{3-7}{2}\leq Z_Y\leq\frac{9-7}{2}\right)$

$=P(-2\leq Z_Y\leq 1)$

$=P(0\leq Z_Y\leq 1)+P(0\leq Z_Y\leq 2)$

따라서 $a=c$이고, $P(2\leq Z_Y\leq 3)<P(0\leq Z_X\leq 1)$이므로

$b<a=c$

답 ④

07

학생의 시력을 확률변수 X라 하면 X는 정규분포 $N(1.0,\ 0.2^2)$을 따르므로 $Z=\frac{X-1.0}{0.2}$으로 놓으면 Z는 표준정규분포 $N(0,\ 1)$을 따른다.

$\therefore\ P(0.8\leq X\leq 1.2)=P\left(\frac{0.8-1.0}{0.2}\leq Z\leq\frac{1.2-1.0}{0.2}\right)$

$=P(-1\leq Z\leq 1)$

$=2P(0\leq Z\leq 1)$

$=2\times 0.34=0.68$

따라서 시력이 0.8 이상 1.2 이하인 학생 수는

$100\times 0.68=68$(명)

답 68명

08

통조림의 무게를 확률변수 X라 하면 X는 정규분포 $N(310,\ 5^2)$을 따르므로 $Z=\frac{X-310}{5}$으로 놓으면 Z는 표준정규분포 $N(0,\ 1)$을 따른다.

$\therefore\ P(X\leq 300)=P\left(Z\leq\frac{300-310}{5}\right)$

$=P(Z\leq -2)$

$=P(Z\geq 2)$

$=P(Z\geq 0)-P(0\leq Z\leq 2)$

$=0.5-0.48=0.02$

따라서 불량품으로 판정되는 통조림의 개수는

$5000\times 0.02=100$

답 100

09

확률변수 X는 정규분포 $N(m, \sigma^2)$을 따르고, 확률밀도함수 $f(x)$의 그래프는 직선 $x=50$에 대하여 대칭이므로 $m=50$이다.

$Z=\frac{X-50}{\sigma}$으로 놓으면 Z는 표준정규분포 $N(0, 1)$을 따르므로

$$P(50\le X\le 50+10)=P\left(\frac{50-50}{\sigma}\le Z\le \frac{50+10-50}{\sigma}\right)$$
$$=P\left(0\le Z\le \frac{10}{\sigma}\right)=0.4772$$

이때, $P(0\le Z\le 2)=0.4772$이므로

$\frac{10}{\sigma}=2 \qquad \therefore \sigma=5$

따라서 구하는 확률은

$$P(45\le X\le 55)=P\left(\frac{45-50}{5}\le Z\le \frac{55-50}{5}\right)$$
$$=P(-1\le Z\le 1)$$
$$=P(-1\le Z\le 0)+P(0\le Z\le 1)$$
$$=P(0\le Z\le 1)+P(0\le Z\le 1)$$
$$=2P(0\le Z\le 1)$$
$$=2\times 0.3413=0.6826$$

답 ③

10

동전을 한 번 던져 앞면이 나올 확률은 $\frac{1}{2}$이므로 동전을 100번 던져서 앞면이 나오는 횟수를 확률변수 X라 하면 X는 이항분포 $B\left(100, \frac{1}{2}\right)$을 따른다.

$\therefore E(X)=100\times\frac{1}{2}=50,\ V(X)=100\times\frac{1}{2}\times\frac{1}{2}=25$

이때, 100은 충분히 크므로 확률변수 X는 근사적으로 정규분포 $N(50, 5^2)$을 따르고, $Z=\frac{X-50}{5}$으로 놓으면 Z는 표준정규분포 $N(0, 1)$을 따른다.

따라서 구하는 확률은

$$P(40\le X\le 55)=P\left(\frac{40-50}{5}\le Z\le \frac{55-50}{5}\right)$$
$$=P(-2\le Z\le 1)$$
$$=P(-2\le Z\le 0)+P(0\le Z\le 1)$$
$$=P(0\le Z\le 2)+P(0\le Z\le 1)$$
$$=0.4772+0.3413=0.8185$$

답 ④

11

주사위를 한 번 던져 6의 약수의 눈이 나올 확률은 $\frac{4}{6}=\frac{2}{3}$이므로 한 개의 주사위를 72번 던질 때, 6의 약수의 눈이 나오는 횟수 X는 이항분포 $B\left(72, \frac{2}{3}\right)$를 따른다.

$\therefore E(X)=72\times\frac{2}{3}=48,\ V(X)=72\times\frac{2}{3}\times\frac{1}{3}=16$

이때, 72는 충분히 크므로 확률변수 X는 근사적으로 정규분포 $N(48, 4^2)$을 따르고, $Z=\frac{X-48}{4}$로 놓으면 Z는 표준정규분포 $N(0, 1)$을 따른다.

또한 확률변수 $Y=20-X$에 대하여

$E(Y)=E(20-X)=20-E(X)=20-48=-28$

$V(Y)=V(20-X)=(-1)^2\times V(X)=16$

ㄱ. $P(24\le X\le 27)=P\left(\frac{24-48}{4}\le Z\le \frac{27-48}{4}\right)$
$$=P\left(-6\le Z\le -\frac{21}{4}\right)$$
$$=P\left(\frac{21}{4}\le Z\le 6\right)$$

$$P(4\le Y\le 7)=P(4\le 20-X\le 7)$$
$$=P(13\le X\le 16)$$
$$=P\left(\frac{13-48}{4}\le Z\le \frac{16-48}{4}\right)$$
$$=P\left(-\frac{35}{4}\le Z\le -8\right)$$
$$=P\left(8\le Z\le \frac{35}{4}\right)$$

$\therefore P(24\le X\le 27)\ne P(4\le Y\le 7)$ (거짓)

ㄴ. $E(X)=48,\ |E(Y)|=28$이므로 X의 평균과 Y의 평균의 절댓값은 같지 않다. (거짓)

ㄷ. $V(X)=V(Y)=16$이므로 X의 분산과 Y의 분산은 같다. (참)

따라서 옳은 것은 ㄷ뿐이다.

답 ②

12

주사위를 144번 던지는 시행에서 4의 약수의 눈이 나오는 횟수를 확률변수 X, 그 이외의 수의 눈이 나오는 횟수를 확률변수 Y라 하면

$X+Y=144$ …… ㉠

점 P의 좌표가 99 이상이려면

$2X-Y\ge 99$ …… ㉡

㉠, ㉡에서 $X\ge 81$

이때, 주사위를 한 번 던져 4의 약수의 눈이 나올 확률은 $\frac{3}{6}=\frac{1}{2}$이므로 확률변수 X는 이항분포 $B\left(144, \frac{1}{2}\right)$을 따른다.

$\therefore E(X)=144\times\frac{1}{2}=72,\ V(X)=144\times\frac{1}{2}\times\frac{1}{2}=36$

이때, 144는 충분히 크므로 확률변수 X는 근사적으로 정규분포 $N(72, 6^2)$을 따르고, $Z=\frac{X-72}{6}$로 놓으면 Z는 표준정규분포 $N(0, 1)$을 따른다.

$$\therefore P(X\ge 81)=P\left(Z\ge \frac{81-72}{6}\right)$$
$$=P(Z\ge 1.5)$$
$$=P(Z\ge 0)-P(0\le Z\le 1.5)$$
$$=0.5-0.43=0.07$$

답 ①

13

$Z=\frac{X-m}{\sigma}$으로 놓으면 확률변수 Z는 표준정규분포 $N(0, 1)$을 따르므로

$$P(m \le X \le m+12) = P\left(\frac{m-m}{\sigma} \le Z \le \frac{m+12-m}{\sigma}\right)$$
$$= P\left(0 \le Z \le \frac{12}{\sigma}\right)$$
$$P(X \le m-12) = P\left(Z \le \frac{m-12-m}{\sigma}\right)$$
$$= P\left(Z \le -\frac{12}{\sigma}\right) = P\left(Z \ge \frac{12}{\sigma}\right)$$
$$= 0.5 - P\left(0 \le Z \le \frac{12}{\sigma}\right)$$

즉, $P(m \le X \le m+12) - P(X \le m-12) = 0.3664$에서

$$2P\left(0 \le Z \le \frac{12}{\sigma}\right) - 0.5 = 0.3664$$

$$\therefore P\left(0 \le Z \le \frac{12}{\sigma}\right) = 0.4332$$

이때, $P(0 \le Z \le 1.5) = 0.4332$이므로

$\frac{12}{\sigma} = 1.5$ $\qquad \therefore \sigma = 8$ 답 ③

14

$Z = \frac{X-m}{\sigma}$으로 놓으면 확률변수 Z는 표준정규분포 $N(0,\ 1)$을 따르므로

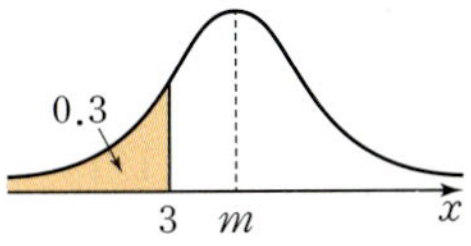

$P(X \le 3)$

$= P\left(Z \le \frac{3-m}{\sigma}\right)$

$= 0.5 - P\left(0 \le Z \le \frac{m-3}{\sigma}\right) = 0.3$

에서 $P\left(0 \le Z \le \frac{m-3}{\sigma}\right) = 0.2$

이때, $P(0 \le Z \le 0.52) = 0.2$이므로

$\frac{m-3}{\sigma} = 0.52$ $\qquad \therefore m = 3 + 0.52\sigma$ ······ ㉠

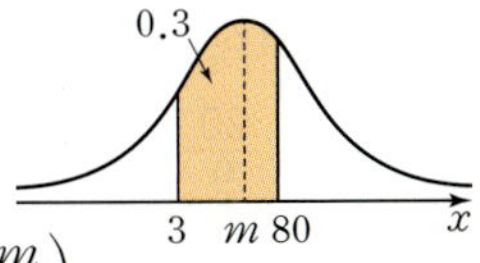

$P(3 \le X \le 80)$

$= P\left(\frac{3-m}{\sigma} \le Z \le \frac{80-m}{\sigma}\right)$

$= P\left(\frac{3-m}{\sigma} \le Z \le 0\right) + P\left(0 \le Z \le \frac{80-m}{\sigma}\right)$

$= 0.2 + P\left(0 \le Z \le \frac{80-m}{\sigma}\right) = 0.3$

에서 $P\left(0 \le Z \le \frac{80-m}{\sigma}\right) = 0.1$

이때, $P(0 \le Z \le 0.25) = 0.1$이므로

$\frac{80-m}{\sigma} = 0.25$ $\qquad \therefore m = 80 - 0.25\sigma$ ······ ㉡

㉠−㉡을 하면 $0 = -77 + 0.77\sigma$ $\qquad \therefore \sigma = 100$

$\sigma = 100$을 ㉠에 대입하면 $m = 55$

$\therefore m + \sigma = 155$ 답 155

Ⅲ. 통계

03 통계적 추정

내신&수능 빈출 유형

본문 49~50쪽

유형 01

확률의 총합은 1이므로

$\frac{1}{8} + a + \frac{1}{8} + \frac{3}{8} = 1$ $\qquad \therefore a = \frac{3}{8}$

따라서 모집단의 평균은

$E(X) = (-2) \times \frac{1}{8} + (-1) \times \frac{3}{8} + 1 \times \frac{1}{8} + 2 \times \frac{3}{8} = \frac{1}{4}$

이므로 표본평균 $\overline{X}$의 평균은

$E(\overline{X}) = E(X) = \frac{1}{4}$ 답 ①

01-1

$E(\overline{X}) = 24$, $V(\overline{X}) = \frac{4}{144} = \frac{1}{36}$에서 $\sigma(\overline{X}) = \frac{1}{6}$이므로

$\frac{E(\overline{X})}{\sigma(\overline{X})} = \frac{24}{\frac{1}{6}} = 144$ 답 ④

01-2

공에 적혀 있는 숫자를 확률변수 X라 하고 X의 확률분포를 표로 나타내면 다음과 같다.

X	1	2	3	합계
$P(X=x)$	$\frac{1}{6}$	$\frac{1}{3}$	$\frac{1}{2}$	1

$\therefore E(X) = 1 \times \frac{1}{6} + 2 \times \frac{1}{3} + 3 \times \frac{1}{2} = \frac{7}{3}$

$V(X) = 1^2 \times \frac{1}{6} + 2^2 \times \frac{1}{3} + 3^2 \times \frac{1}{2} - \left(\frac{7}{3}\right)^2 = \frac{5}{9}$

따라서 표본의 크기가 n일 때, $V(\overline{X}) = \frac{\frac{5}{9}}{n} = \frac{5}{36}$이므로

$\frac{5}{9n} = \frac{5}{36}$ $\qquad \therefore n = 4$ 답 4

유형 02

음료수의 용량을 확률변수 X라 하면 X는 정규분포 $N(360,\ 20^2)$을 따른다. 이때, 표본의 크기가 100이므로 표본평균을 $\overline{X}$라 하면 $\overline{X}$는 정규분포 $N\left(360,\ \frac{20^2}{100}\right)$, 즉 $N(360,\ 2^2)$을 따른다.

따라서 $Z = \frac{\overline{X}-360}{2}$으로 놓으면 Z는 표준정규분포 $N(0,\ 1)$을 따르므로 구하는 확률은

$$P(358 \le \overline{X} \le 364) = P\left(\frac{358-360}{2} \le Z \le \frac{364-360}{2}\right)$$
$$= P(-1 \le Z \le 2)$$
$$= P(0 \le Z \le 1) + P(0 \le Z \le 2)$$
$$= 0.3413 + 0.4772 = 0.8185$$

답 ③

02-1

사과 한 개의 무게를 확률변수 X라 하면 X는 정규분포 $N(300, 20^2)$을 따른다. 이때, 표본의 크기가 25이므로 표본평균을 $\overline{X}$라 하면 $\overline{X}$는 정규분포 $N\left(300, \frac{20^2}{25}\right)$, 즉 $N(300, 4^2)$을 따르고 $Z=\frac{\overline{X}-300}{4}$으로 놓으면 Z는 표준정규분포 $N(0, 1)$을 따른다.

그런데 과수원에서 사과 한 상자를 구입하였을 때, 그 무게가 9 kg 이상이려면 임의추출한 사과 25개의 무게가 7.75 kg 이상이어야 하므로

$25\overline{X}\ge 7750 \quad \therefore \overline{X}\ge 310$

따라서 구하는 확률은

$$\begin{aligned}P(\overline{X}\ge 310)&=P\left(Z\ge \frac{310-300}{4}\right)\\&=P(Z\ge 2.5)\\&=0.5-P(0\le Z\le 2.5)\\&=0.5-0.4938=0.0062\end{aligned}$$

답 ①

유형 03

표본평균이 172.5, 모표준편차가 2, 표본의 크기가 400이므로 모평균 m의 신뢰도 99 %의 신뢰구간은

$172.5-2.58\times\frac{2}{\sqrt{400}}\le m\le 172.5+2.58\times\frac{2}{\sqrt{400}}$

$172.5-0.258\le m\le 172.5+0.258$

$\therefore 172.242\le m\le 172.758$

답 $172.242\le m\le 172.758$

03-1

표본평균이 53.51, 모표준편차가 5, 표본의 크기가 100이므로 모평균 m의 신뢰도 95 %의 신뢰구간은

$53.51-1.96\times\frac{5}{\sqrt{100}}\le m\le 53.51+1.96\times\frac{5}{\sqrt{100}}$

$53.51-0.98\le m\le 53.51+0.98$

$\therefore 52.53\le m\le 54.49$

답 ③

03-2

표본의 크기 400이 충분히 크므로 모표준편차 대신 표본표준편차 15를 사용할 수 있다.

표본평균이 415이므로 모평균 m의 신뢰도 95 %의 신뢰구간은

$415-1.96\times\frac{15}{\sqrt{400}}\le m\le 415+1.96\times\frac{15}{\sqrt{400}}$

$415-1.47\le m\le 415+1.47$

$\therefore 413.53\le m\le 416.47$

따라서 신뢰도 95 %의 신뢰구간에 속하는 자연수의 개수는 414, 415, 416의 3이다.

답 ③

유형 04

모표준편차가 2이고, 신뢰도 99 %로 모평균을 추정할 때 신뢰구간의 길이가 2 이하이어야 하므로

$2\times 3\times\frac{2}{\sqrt{n}}\le 2,\ \sqrt{n}\ge 6 \quad \therefore n\ge 36$

답 36

04-1

표준정규분포 $N(0, 1)$을 따르는 확률변수 Z에 대하여

$P(|Z|\le k)=\frac{\alpha}{100}$라 하면 표본의 크기가 10일 때, 신뢰도 α %로 추정한 신뢰구간의 길이가 0.3이므로

$2k\times\frac{\sigma}{\sqrt{10}}=0.3 \quad \therefore 2k=\frac{3\sqrt{10}}{10\sigma}$

따라서 n개의 표본을 임의추출하여 신뢰도 α %로 모평균을 추정할 때, 신뢰구간의 길이가 0.1이 되려면

$2k\times\frac{\sigma}{\sqrt{n}}=\frac{3\sqrt{10}}{10\sigma}\times\frac{\sigma}{\sqrt{n}}=0.1$

$\sqrt{n}=3\sqrt{10} \quad \therefore n=90$

답 90

빈출 유형 마무리

본문 51~52쪽

01 5	02 6	03 ⑤	04 ①	05 9	06 ②
07 225	08 385	09 ③	10 ⑤	11 168	12 ⑤
13 ④	14 ③				

01

확률의 총합은 1이므로

$a+\frac{1}{3}+3a=1 \quad \therefore a=\frac{1}{6}$

모집단의 평균과 분산은 각각

$E(X)=2\times\frac{1}{6}+4\times\frac{1}{3}+6\times\frac{1}{2}=\frac{14}{3}$,

$V(X)=2^2\times\frac{1}{6}+4^2\times\frac{1}{3}+6^2\times\frac{1}{2}-\left(\frac{14}{3}\right)^2=\frac{20}{9}$

이때, 표본의 크기가 16이므로

$V(\overline{X})=\frac{\frac{20}{9}}{16}=\frac{5}{36}$

$\therefore V(6\overline{X}-2)=6^2V(\overline{X})=36\times\frac{5}{36}=5$

답 5

02

주머니에서 임의로 1개의 공을 꺼낼 때, 공에 적혀 있는 숫자를 확률변수 X라 하고 X의 확률분포를 표로 나타내면 다음과 같다.

X	1	2	3	합계
$P(X=x)$	$\frac{1}{3}$	$\frac{1}{3}$	$\frac{1}{3}$	1

$\therefore E(X)=1\times\frac{1}{3}+2\times\frac{1}{3}+3\times\frac{1}{3}=2$

$V(X)=1^2\times\frac{1}{3}+2^2\times\frac{1}{3}+3^2\times\frac{1}{3}-2^2=\frac{2}{3}$

이때, 표본의 크기가 2이므로

$E(\overline{X})=2,\ V(\overline{X})=\frac{\frac{2}{3}}{2}=\frac{1}{3}$

따라서 $a=2$, $b=\frac{1}{3}$이므로

$\frac{a}{b}=\frac{2}{\frac{1}{3}}=6$ 답 6

03

제품 하나의 무게를 확률변수 X라 하면

X는 정규분포 $\mathrm{N}(120,\ 5^2)$을 따르고, $Z=\frac{X-120}{5}$으로 놓으면

Z는 표준정규분포 $\mathrm{N}(0,\ 1)$을 따르므로

$$\begin{aligned}\mathrm{P}(X\geq 125)&=\mathrm{P}\left(Z\geq\frac{125-120}{5}\right)\\&=\mathrm{P}(Z\geq 1)\\&=\mathrm{P}(Z\geq 0)-\mathrm{P}(0\leq Z\leq 1)\\&=0.5-0.3413=0.1587\end{aligned}$$

또한 표본의 크기가 16일 때의 표본평균을 $\overline{X}$라 하면

$\overline{X}$는 정규분포 $\mathrm{N}\left(120,\ \frac{5^2}{16}\right)$, 즉 $\mathrm{N}\left(120,\ \left(\frac{5}{4}\right)^2\right)$을 따르고,

$Z_{\overline{X}}=\frac{\overline{X}-120}{\frac{5}{4}}$으로 놓으면 $Z_{\overline{X}}$는 표준정규분포 $\mathrm{N}(0,\ 1)$을 따르므로

$$\begin{aligned}\mathrm{P}(\overline{X}\geq 122)&=\mathrm{P}\left(Z_{\overline{X}}\geq\frac{122-120}{\frac{5}{4}}\right)\\&=\mathrm{P}(Z_{\overline{X}}\geq 1.6)\\&=\mathrm{P}(Z_{\overline{X}}\geq 0)-\mathrm{P}(0\leq Z_{\overline{X}}\leq 1.6)\\&=0.5-0.4452=0.0548\end{aligned}$$

따라서 $p_1=0.1587$, $p_2=0.0548$이므로

$p_1+p_2=0.1587+0.0548=0.2135$ 답 ⑤

04

가구당 월 소득을 확률변수 X라 하면

X는 정규분포 $\mathrm{N}(300,\ 10^2)$을 따르고, 표본의 크기가 100이므로

표본평균 $\overline{X}$는 정규분포 $\mathrm{N}\left(300,\ \frac{10^2}{100}\right)$, 즉 $\mathrm{N}(300,\ 1)$을 따른다.

따라서 $Z=\frac{\overline{X}-300}{1}$으로 놓으면 Z는 표준정규분포 $\mathrm{N}(0,\ 1)$을 따르므로

$$\begin{aligned}\mathrm{P}(|\overline{X}-300|\geq 2)&=\mathrm{P}(|Z|\geq 2)\\&=\mathrm{P}(Z\leq -2)+\mathrm{P}(Z\geq 2)\\&=2\mathrm{P}(Z\geq 2)\\&=2\{\mathrm{P}(Z\geq 0)-\mathrm{P}(0\leq Z\leq 2)\}\\&=2\times(0.5-0.4772)\\&=2\times 0.0228=0.0456\end{aligned}$$

답 ①

05

모집단이 정규분포 $\mathrm{N}(550,\ 12^2)$을 따르고 표본의 크기가 n이므로 표본평균 $\overline{X}$는 정규분포 $\mathrm{N}\left(550,\ \frac{12^2}{n}\right)$, 즉 $\mathrm{N}\left(550,\ \left(\frac{12}{\sqrt{n}}\right)^2\right)$을 따른다.

이때, $Z=\frac{\overline{X}-550}{\frac{12}{\sqrt{n}}}$으로 놓으면 Z는 표준정규분포 $\mathrm{N}(0,\ 1)$을 따르므로

$$\begin{aligned}\mathrm{P}(\overline{X}\leq 544)&=\mathrm{P}\left(Z\leq\frac{544-550}{\frac{12}{\sqrt{n}}}\right)\\&=\mathrm{P}\left(Z\leq-\frac{\sqrt{n}}{2}\right)\\&=\mathrm{P}\left(Z\geq\frac{\sqrt{n}}{2}\right)\\&=\mathrm{P}(Z\geq 0)-\mathrm{P}\left(0\leq Z\leq\frac{\sqrt{n}}{2}\right)\\&=0.5-\mathrm{P}\left(0\leq Z\leq\frac{\sqrt{n}}{2}\right)\\&=0.0668\end{aligned}$$

$\therefore \mathrm{P}\left(0\leq Z\leq\frac{\sqrt{n}}{2}\right)=0.4332$

그런데 $\mathrm{P}(0\leq Z\leq 1.5)=0.4332$이므로

$\frac{\sqrt{n}}{2}=1.5$, $\sqrt{n}=3$ $\quad\therefore n=9$ 답 9

06

임의추출한 동호회 회원 36명의 나이의 평균은

$\frac{1368}{36}=38$(세)

따라서 표본평균이 38, 모표준편차가 2.4, 표본의 크기가 36이므로 모평균 m의 신뢰도 95 %의 신뢰구간은

$38-1.96\times\frac{2.4}{\sqrt{36}}\leq m\leq 38+1.96\times\frac{2.4}{\sqrt{36}}$

$38-0.784\leq m\leq 38+0.784$

$\therefore 37.216\leq m\leq 38.784$ 답 ②

07

표본평균이 13.2, 모표준편차가 5, 표본의 크기가 n이므로 모평균 m의 신뢰도 99 %의 신뢰구간은

$13.2-2.58\times\frac{5}{\sqrt{n}}\leq m\leq 13.2+2.58\times\frac{5}{\sqrt{n}}$

이때, 모평균 m의 신뢰도 99 %의 신뢰구간이 $12.34\leq m\leq 14.06$이므로

$13.2-2.58\times\frac{5}{\sqrt{n}}=12.34$, $13.2+2.58\times\frac{5}{\sqrt{n}}=14.06$

따라서 $2.58\times\frac{5}{\sqrt{n}}=0.86$이므로

$\sqrt{n}=15$ $\quad\therefore n=225$ 답 225

08

모표준편차를 σ라 할 때, 표본의 크기가 n이고 모평균 m의 신뢰도 95 %의 신뢰구간의 길이가 $2\times1.96\times\frac{\sigma}{\sqrt{n}}\leq\frac{1}{5}\sigma$이어야 하므로

$\sqrt{n}\geq 19.6$ $\quad\therefore n\geq 384.16$

따라서 표본의 크기 n의 최솟값은 385이다. 답 385

09

Z가 표준정규분포를 따르는 확률변수일 때, $P(|Z| \le k) = \frac{\alpha}{100}$라 하면 정규분포 $N(m, \sigma^2)$을 따르는 모집단에서 크기가 n인 표본을 임의추출하여 추정한 모평균 m의 신뢰도 α %의 신뢰구간의 길이 l은

$l = 2k \times \frac{\sigma}{\sqrt{n}}$

ㄱ. 표본의 크기가 일정할 때, 신뢰도가 높아지면 k의 값이 커지므로 신뢰구간의 길이는 l보다 커진다. (참)

ㄴ. 신뢰도가 일정할 때, 표본의 크기를 2배로 늘리면 신뢰구간의 길이는

$2k \times \frac{\sigma}{\sqrt{2n}} = 2k \times \frac{\sigma}{\sqrt{n}} \times \frac{1}{\sqrt{2}} = \frac{1}{\sqrt{2}}l$ (참)

ㄷ. 신뢰도를 낮추면 k의 값이 작아지고, 표본의 크기를 작게 하면 $\sqrt{n}$의 값이 작아지므로 신뢰구간의 길이 l이 반드시 커진다고 할 수는 없다. (거짓)

따라서 옳은 것은 ㄱ, ㄴ이다. 답 ③

10

Z가 표준정규분포를 따르는 확률변수일 때, $P(|Z| \le k) = \frac{\alpha}{100}$라 하자.

표본의 크기가 n_1, 모표준편차 $\sigma = 4$일 때, 모평균 m의 신뢰도 α %의 신뢰구간의 길이는

$2 \times k \times \frac{4}{\sqrt{n_1}}$

표본의 크기가 n_2, 모표준편차 $\sigma = 4$일 때, 모평균 m의 신뢰도 α %의 신뢰구간의 길이는

$2 \times k \times \frac{4}{\sqrt{n_2}}$

이때, 신뢰구간의 길이의 비가 1 : 3이므로

$\left(2 \times k \times \frac{4}{\sqrt{n_1}}\right) : \left(2 \times k \times \frac{4}{\sqrt{n_2}}\right) = 1 : 3$

$\frac{1}{\sqrt{n_1}} : \frac{1}{\sqrt{n_2}} = 1 : 3$, $\frac{3}{\sqrt{n_1}} = \frac{1}{\sqrt{n_2}}$

$3\sqrt{n_2} = \sqrt{n_1}$, $9n_2 = n_1$

$\therefore \frac{n_1}{n_2} = 9$ 답 ⑤

11

$P(|Z| \le k) = \frac{x}{100}$라 하면

$f(x) = 2 \times k \times \frac{3}{\sqrt{81}} = \frac{2k}{3}$

$f(x_1) = \frac{2}{3}$에서 $k = 1$이므로

$\frac{x_1}{100} = P(|Z| \le 1) = 2 \times 0.3413 = 0.6826$ $\quad \therefore x_1 = 68.26$

$f(x_2) = 2$에서 $k = 3$이므로

$\frac{x_2}{100} = P(|Z| \le 3) = 2 \times 0.4987 = 0.9974$ $\quad \therefore x_2 = 99.74$

$\therefore x_1 + x_2 = 68.26 + 99.74 = 168$ 답 168

12

화장품 1개의 내용량을 확률변수 X라 하면 X는 정규분포 $N(201.5, 1.8^2)$을 따른다. 이때, 이 공장에서 생산한 화장품 중 임의추출한 9개의 화장품 내용량의 표본평균을 $\overline{X}$라 하면 $\overline{X}$는 정규분포 $N\left(201.5, \frac{1.8^2}{9}\right)$, 즉 $N(201.5, 0.6^2)$을 따르므로

$Z = \frac{\overline{X} - 201.5}{0.6}$로 놓으면 확률변수 Z는 표준정규분포 $N(0, 1)$을 따른다.

따라서 구하는 확률은

$$
\begin{aligned}
P(\overline{X} \ge 200) &= P\left(Z \ge \frac{200 - 201.5}{0.6}\right) \\
&= P(Z \ge -2.5) \\
&= P(-2.5 \le Z \le 0) + P(Z \ge 0) \\
&= P(0 \le Z \le 2.5) + 0.5 \\
&= 0.4938 + 0.5 \\
&= 0.9938
\end{aligned}
$$

답 ⑤

13

표본평균이 $\overline{x}$, 모표준편차가 40, 표본의 크기가 64이므로 모평균 m의 신뢰도 99 %의 신뢰구간은

$\overline{x} - 2.58 \times \frac{40}{\sqrt{64}} \le m \le \overline{x} + 2.58 \times \frac{40}{\sqrt{64}}$

따라서 $\overline{x} - 12.9 \le m \le \overline{x} + 12.9$이므로

$c = 12.9$ 답 ④

14

확률변수 $\overline{X}$는 정규분포 $N\left(0, \frac{4^2}{9}\right)$, 즉 $N\left(0, \left(\frac{4}{3}\right)^2\right)$을 따르므로

$Z_{\overline{X}} = \frac{\overline{X} - 0}{\frac{4}{3}}$으로 놓으면 확률변수 $Z_{\overline{X}}$는 표준정규분포 $N(0, 1)$을 따른다.

또한 확률변수 $\overline{Y}$는 정규분포 $N\left(3, \frac{2^2}{16}\right)$, 즉 $N\left(3, \left(\frac{1}{2}\right)^2\right)$을 따르므로 $Z_{\overline{Y}} = \frac{\overline{Y} - 3}{\frac{1}{2}}$으로 놓으면 확률변수 $Z_{\overline{Y}}$는 표준정규분포 $N(0, 1)$를 따른다.

이때, $P(\overline{X} \ge 1) = P(\overline{Y} \le a)$에서

$P\left(\frac{\overline{X} - 0}{\frac{4}{3}} \ge \frac{1 - 0}{\frac{4}{3}}\right) = P\left(\frac{\overline{Y} - 3}{\frac{1}{2}} \ge \frac{a - 3}{\frac{1}{2}}\right)$

즉, $P\left(Z_{\overline{X}} \ge \frac{3}{4}\right) = P(Z_{\overline{Y}} \le 2a - 6)$이므로

$\frac{3}{4} = -(2a - 6)$

$\therefore a = \frac{21}{8}$ 답 ③

Memo

Memo

Memo

Memo

PROJECT
531

수학을 빠르게